AUSTRALIENS

LIGNES DE VIE D'UN PEUPLE

Ateliers HD © 2025
2 bis place de Touraine – 78000 Versailles

Directrice générale : Maureen Demidoff
Coordination éditoriale : Rémi Meunier
Réalisation de la maquette et couverture : Julien Denieuil (sur une idée originale de Lucas Mathieu).

Dépôt légal : octobre 2025
ISSN : 2427-9137
ISBN : 979-10-312-0650-9

Imprimé et broché en France par l'imprimerie Corlet.

AUSTRALIENS

LIGNES DE VIE D'UN PEUPLE

Diane Delaurens

HD
ateliers

SOMMAIRE

p. 9 ■ Déclaration d'intention

p. 11 ■ Introduction

CHAPITRE I

UNE MOSAÏQUE MULTICULTURELLE

p. 18 ■ **Descendre des premiers Australiens**
Entretien avec Vida-Rae Kennedy-Gough,
Australienne aborigène de culture yuin

p. 22 ■ **Avoir une ascendance européenne**
Entretien avec Alexander Thalis,
Australien d'origine européenne

p. 26 ■ **Vivre en tant qu'« *Australian Born Chinese* »**
Entretien avec Hubert Xiao,
Australien d'origine chinoise

p. 30 ■ **Le rêve *backpacker* : immigrer en Australie comme jeune adulte**
Entretien avec Catherine Laws,
Australienne immigrée de première génération d'origine britannique

p. 35 ■ **Trouver refuge en Australie**
Entretien avec Widyan Fares, Australienne d'origine irakienne arrivée comme réfugiée

CHAPITRE II

NO WORRIES, MATE : ALCOOL, *MATESHIP* ET ÉGALITARISME

p. 44 ■ **Boire un *tinny* autour du *barbie***
Entretien avec Max Allen,
écrivain et chroniqueur sur les boissons alcoolisées

p. 50 ■ **Être un bon *mate* : l'idéal militaire australien**
Entretien avec Xander Ryrie,
ancien militaire

p. 56 ■ ***She'll be right* : travailler dans les mines**
Entretien avec Stephanie Graskoski,
ingénieure ayant travaillé dans les mines
et activiste pour la cause LGBTQIA+
p. 61 ■ ***True Blue* : chanter l'Australie**
Entretien avec John Williamson,
auteur compositeur interprète

CHAPITRE III

LA TERRE AUSTRALIENNE, ENTRE FONDATION ET DISPARITION

p. 70 ■ **Remonter aux racines de l'Australie : le *bush***
Entretien avec Don Watson,
historien et auteur de *The Bush*
p. 76 ■ **Protéger l'environnement australien**
Entretien avec Bob Brown,
ancien chef du parti vert
p. 82 ■ **Apprécier la nature australienne**
Entretien avec Neil Blundy, propriétaire
du magasin d'équipement Bogong à Melbourne
p. 87 ■ **Réinventer le modèle agricole grâce aux savoirs indigènes**
Entretien avec Bruce Pascoe, écrivain
et agriculteur d'origine yuin, bunurong et tasmane

CHAPITRE IV

LE SPORT, CIMENT DE LA COMMUNAUTÉ NATIONALE

p. 96 ■ **Couvrir le sport en tant que journaliste**
Entretien avec Sam Bruce,
journaliste sportif spécialisé dans le rugby
p. 101 ■ **Diriger un club de sauveteurs volontaires**
Entretien avec Felicity MacArthur, vice-présidente
du Surf Life Saving Club de Bondi Bathers

p. 107 ■ **Soutenir une équipe de football australien**
Entretien avec Michelle Verghis,
fan inconditionnelle des Sydney Swans
p. 112 ■ **Être un joueur de cricket professionnel**
Entretien avec Ryan Carters, ancien joueur
de cricket professionnel et fondateur de DadFit

CHAPITRE V

STILL LUCKY? L'AVENIR DE L'AUSTRALIE

p. 122 ■ **Assurer la prospérité économique australienne**
Entretien avec Danielle Wood,
présidente de la Productivity Commission
p. 127 ■ **Engager l'Australie dans la transition énergétique**
Entretien avec Ross Garnaut,
économiste spécialisé dans les questions énergétiques
p. 133 ■ **Garantir un logement pour tous**
Entretien avec Trina Jones,
Commissaire au logement locatif
pour le gouvernement de Nouvelle-Galles du Sud
p. 139 ■ **Faire face à la montée en puissance de la Chine**
Entretien avec Paul Monk, intellectuel public
et ancien analyste dans le renseignement

p. 147 ■ Conclusion
p. 149 ■ Chronologie

DÉCLARATION D'INTENTION

Vue depuis la France, l'Australie est véritablement le bout du monde. Enfant, cet exotisme éveillait sans doute en moi le rêve d'aller un jour y rencontrer les kangourous et les koalas. Quinze ans plus tard, grâce à un échange universitaire, je fais mes valises pour aller y passer une année. La veille du départ, rangeant ma chambre dans la maison de mes parents, je retombe sur ce livre pour enfants qui a sans doute joué un rôle : *Ça sert à quoi, un kangourou ?*

Aujourd'hui, les rêves d'exotisme ont changé, mais pas l'intérêt porté à l'île-continent. C'est l'étrange familiarité de l'Australie qui m'a attirée. Un pays de culture majoritairement occidentale, mais au milieu de l'Asie-Pacifique. Le système de Westminster dans un État fédéral moderne qui emprunte aussi aux États-Unis. Une culture pionnière masculine mais qui a connu, de 2010 à 2013, une femme Première Ministre à sa tête. Un pays où l'on trouve des espèces animales uniques, un territoire isolé mais marqué par des histoires venues d'ailleurs et des cultures ancestrales, avec pourtant l'anglais comme langue principale. La ville de Sydney peut sembler, à première vue, moins dépaysante que Mumbai ou Shanghai pour y passer un an d'échange universitaire. Mais c'est justement à cause de ces apparentes similitudes que les différences n'en sont que plus éclatantes. L'Australie, ce n'est ni l'Europe, ni l'Amérique, ni l'Asie, mais un pays-continent bien à part et qui emprunte à chacune. Malgré de multiples ressemblances, c'est l'absolue singularité de l'Australie qui la rend si attachante. Non que l'Australie soit parfaite mais, comme un miroir déformant, elle ouvre la réflexion sur ce qu'un pays occidental européen pourrait devenir. Je suis rentrée dans l'Hexagone finir mes études et j'ai rejoint mon conjoint, australien, quelques années plus tard. Je fus charmée par ce pays dès ma première visite et cette impression ne s'est pas estompée au fil de mes allers et retours ces dix dernières années. Je ressens une profonde gratitude envers ce pays qui, sans aucune obligation, m'a tout offert : la chance de m'y établir, de bâtir une carrière, de fonder une famille et, plus récemment, d'en devenir officiellement citoyenne.

On n'a jamais fini de découvrir l'île-continent. Il y a mille et une Australie : les cultures, les climats, les régions, la faune et la flore, les inspirations culinaires… Découvrir chaque recoin physique et mental de l'Australie est devenu une quête personnelle, que je poursuis avec plaisir. Ce livre en est une tentative de partage.

INTRODUCTION

Chaque 11 novembre, l'Australie célèbre le *Remembrance Day*. À onze heures du matin, des gerbes sont déposées au pied des monuments aux morts, et une minute de silence est observée pour les anciens combattants australiens qui ont tant donné pour leur pays, de la Première Guerre mondiale à nos jours. Cela peut paraître étonnant, une célébration de l'armistice de 1918 de la part d'un pays à l'autre bout de la planète que l'on imagine les pieds dans l'eau, les yeux rivés sur l'horizon et les cheveux blondis par l'océan !

Peu de gens le savent, mais de nombreux Australiens ont combattu en France lors du conflit de 1914-1918, et beaucoup y ont laissé la vie. La ville de Villers-Bretonneux, qui fut le théâtre de lourdes pertes en avril 1918, possède aujourd'hui un mémorial, un musée franco-australien et un cimetière militaire comptant plusieurs centaines de tombes australiennes. La France et l'Australie partagent donc une histoire commune de plus d'un siècle, une relation diplomatique vieille de quatre-vingts ans, et une relation économique qui ne cesse de s'approfondir puisque l'Hexagone était, en 2023-2024, le troisième pays étranger investisseur en Australie, derrière les États-Unis et le Japon.

Pourtant, et malgré les 100 000 Français qui y résideraient, l'Australie et les Australiens restent peu connus de l'Hexagone. Il y a une douzaine d'années, alors que je m'apprêtais à m'y expatrier une première fois, les rares mentions de l'île-continent dans le journal *Le Monde* ne relataient que des attaques de requin. À mon retour, j'assistai à un cours magistral de culture générale à Sciences Po où le professeur asséna sans ciller qu'en moyenne les Australiens possédaient un livre par foyer, et que celui-ci était, dans la plupart des cas, la Bible. S'il est vrai qu'un certain anti-intellectualisme règne en Australie et que ses habitants lisent moins que les Français (un quart des Australiens ne lisent pas, contre 11 % des Français), les exagérations et les raccourcis sont nombreux.

Aujourd'hui, j'ignore si ce professeur a toujours sa chaire, mais *Le Monde* possède désormais une correspondante à Sydney. On entend parler plus régulièrement de l'Australie, notamment à cause des crises environnementales et des risques géopolitiques dans la zone Asie-Pacifique, qui concernent aussi bien la France que l'Australie. Mais qui sont ses habitants ? Des Aborigènes ? Des descendants de bagnards anglo-saxons ? Des émigrés européens, moyen-orientaux ou asiatiques ? Sont-ils ambitieux et forcenés, ce qui expliquerait la réussite économique du pays ? Ou bien délaissent-ils au contraire volontiers le travail pour une bière au pub ou une session de surf dans les vagues ? Les conjectures sont nombreuses, tout comme les réponses qui composent cet ouvrage.

L'Australie est en effet un pays de paradoxes, semblable à son territoire qui abrite aussi bien un immense désert en son centre que les forêts humides du supercontinent Gondwana. Jeune État, l'Australie compte sur son sol les cultures existantes les plus vieilles au monde. Si sa réussite économique libérale est incontestable, elle est aussi historiquement extrêmement régulée. Par ailleurs, malgré l'importance de ses atouts environnementaux pour le tourisme, elle fait partie des plus gros émetteurs de gaz à effet de serre. Son territoire est immense et sauvage mais sa population reste majoritairement urbaine. C'est un État démocratique, dont Charles III est pourtant le chef souverain. Et la liste pourrait s'allonger !

Les Australiens reflètent, de manière fascinante, ces paradoxes dans leur vie quotidienne. Sans l'arrogance que peut parfois conférer une longue histoire nationale, le pragmatisme de ce peuple à bousculer les convenances leur permet des réussites qu'on n'espérerait pas ailleurs, comme le vote obligatoire, une assurance-maladie universelle financée sur l'impôt ou un faible tabagisme du fait d'une taxe très élevée sur les cigarettes. Il faut dire que l'interventionnisme étatique, contrairement à ses lointains cousins américains, n'y est pas un tabou. Au fond, ce qui caractérise le mieux les Australiens, c'est peut-être avoir une capacité d'initiative hors du commun, sans se départir de leur décontraction légendaire.

Pour partir à leur rencontre, ce livre réunit vingt et un entretiens conduits entre septembre 2023 et novembre 2024. Ceux-ci sont répartis en cinq chapitres, consacrés aux fondements de l'Australie : son multiculturalisme, sa culture d'égalitarisme et de *mateship*, son territoire, sa passion pour le sport et les nombreux défis qui l'attendent.

CHAPITRE I

UNE MOSAÏQUE MULTICULTURELLE

Même après plus de dix ans de relation avec l'Australie, je garde ce léger accent français qu'un Australien peut repérer en quelques secondes. Et pourtant, cela n'a jamais été un problème. En Australie, avoir un accent est banal, que celui-ci soit indien, britannique ou grec. Cette tolérance, y compris dans la sphère professionnelle, est un reflet direct du multiculturalisme de la société australienne. On croise sur l'île-continent des Australiens indigènes qui y vivent depuis des millénaires, des Australiens issus de tous les coins du globe venus chercher un avenir meilleur au fil des vagues d'immigration des deux derniers siècles, et des immigrés tout juste débarqués de l'avion. Plus d'un habitant sur quatre est né à l'étranger, et la moitié de la population a au moins un parent immigré.

Si l'Australie est aujourd'hui considérée comme un exemple de société multiculturelle réussie, avec une population majoritairement favorable à l'immigration et au multiculturalisme, il s'agit cependant d'un tournant récent. La politique de l'Australie blanche tout au long du XXe siècle favorisait l'immigration européenne et plus précisément anglo-saxonne à travers une dictée obligatoire pour les immigrés non européens. Ce n'est qu'en 1973 que cette politique est officiellement abolie et que le terme de «multiculturalisme» apparaît pour la première fois. Ensuite, l'immigration asiatique s'est accrue, et depuis 2011 la Chine surpasse le Royaume-Uni comme source de migrants permanents.

Il faut souligner que l'immigration australienne est – et c'est sans doute là la condition de sa réussite – une immigration choisie. Le gouvernement voit en elle le moyen de combler le déficit de main-d'œuvre dont souffre le pays. La liste des compétences recherchées pour certains visas de travail est régulièrement mise à jour afin de cibler exactement les types de profils dont l'économie a besoin. Même lorsqu'il s'agit de visas familiaux, les procédures sont onéreuses (plusieurs milliers de dollars), garantissant ainsi un certain écrémage socio-économique des immigrés. Cependant, de plus en plus de voix s'élèvent contre ce système de Ponzi que représente une telle politique migratoire, visant à attirer la main-d'œuvre nécessaire à l'économie sans pour autant développer les infrastructures de logement et de transport.

Le revers de la médaille est que l'Australie est loin d'être irréprochable quant au traitement qu'elle réserve à ses minorités indigènes et à ses demandeurs d'asile. De 1910 à 1970, le gouvernement a séparé et placé en famille d'accueil blanche ou en foyer entre un dixième et un tiers des enfants aborigènes. C'est ce que l'on appelle les « Générations volées », à qui le gouvernement Rudd a officiellement présenté ses excuses en 2008. Encore aujourd'hui, les personnes indigènes, qui représentent environ 4 % de la population, souffrent de fortes inégalités par rapport au reste du pays. Leur espérance de vie est inférieure de dix ans à celle du reste de la population australienne. Quant aux demandeurs d'asile, la « solution du Pacifique » instaurée en 2001 par les libéraux et relancée en 2012 par les travaillistes a constitué « la protection des frontières la plus stricte jamais mise en place » selon les spots de publicité gouvernementaux. Celle-ci a transféré pendant plus de dix ans les demandeurs d'asile arrivant par bateau dans des centres de rétention vers les îles de Nauru et de la Papouasie-Nouvelle-Guinée, au mépris des conventions internationales et des droits fondamentaux. Malgré leur fermeture officielle en juin 2023, il semblerait que ces centres aient repris du service à la suite de nouvelles arrivées maritimes non autorisées.

Afin d'explorer les contradictions d'une société à la fois ouverte et parfois hostile, où les binationaux ne peuvent siéger au parlement fédéral, partons à la rencontre de cinq Australiens aux origines et parcours différents.

D ESCENDRE DES PREMIERS AUSTRALIENS Il y a plus de cinq cents cultures indigènes distinctes en Australie, dont la présence remonte jusqu'à 65 000 ans avant notre ère. Ces richesses culturelles et leur reconnaissance par l'Australie sont au cœur d'un processus de réconciliation entamé au début des années 1990. Trente ans plus tard, malgré des avancées notables – comme la reconnaissance des droits fonciers aborigènes après la décision Mabo de la Haute Cour en 1992 –, de nombreuses zones d'ombre persistent, notamment des inégalités en matière de santé et d'éducation, que l'initiative Closing the Gap («combler l'écart») tente aujourd'hui de réduire. La proposition d'une instance indigène spécifique, « la Voix indigène au Parlement », formulée en 2017 par la Déclaration d'Uluru venant du cœur, fut rejetée lors du référendum constitutionnel du 14 octobre 2023. C'est dans ce contexte que je m'entretiens avec **Vida-Rae Kennedy-Gough**, une jeune femme de culture yuin, étudiante en droit et travaillant à temps partiel dans le secteur des affaires aborigènes. Nous nous sommes rencontrées au travail et je la retrouve pour déjeuner dans un café près de son bureau.

Peux-tu te présenter ?

Je m'appelle Vida-Rae, je vis en terre dharawal à Wollongong, mais j'appartiens à la nation Yuin, qui s'étend sur la côte de la ville de Kiama à la frontière entre la Nouvelle-Galles du Sud et le Victoria. Je ne vis pas sur ma terre, mais les cultures dharawal et yuin partagent une identité côtière (*saltwater people*), profondément liée à l'océan. C'est de là que viennent mon histoire et ma culture. Mes totems sont par exemple le canard noir, la baleine à bosse et le pluvier à tête noire. Je poursuis mes études à l'université.

Quel rôle a joué ta culture yuin en grandissant ?

Mon père est yuin, ma mère est anglaise. Quand j'avais deux ans, mes parents se sont séparés et dès lors, j'ai vécu avec ma mère. J'ai toujours su que j'étais aborigène, ma mère voulait que mes frères et moi nous sentions connectés à notre culture yuin. Cependant, je n'ai pas grandi en étant immergée quotidiennement dans les récits aborigènes. Cette déconnexion s'est encore renforcée à mes quatorze ans, lorsque mon père a été incarcéré et que nous avons cessé de le voir. C'était lui qui maintenait notre lien avec notre culture : il nous emmenait en balade, quittait les sentiers balisés pour nous faire découvrir des sites culturels et de l'art rupestre. Il est très instruit car nos Aînés (*Elders*) lui ont enseigné leurs histoires et leur savoir pour qu'il puisse les transmettre à la génération suivante.

Mon savoir aborigène remonte donc à mon enfance, et je ne suis pas sûre de la véracité des histoires que l'on m'a racontées : ont-elles été adaptées pour une enfant ? Sont-elles complètes ? Depuis plusieurs années, j'essaie de me reconnecter à ma culture, notamment en me rapprochant de l'une de mes cousines, elle aussi née du métissage entre une mère blanche et un père aborigène dont elle n'est pas très proche. Elle et moi partageons une ambivalence culturelle, sans doute liée à notre vécu de personnes de couleur dans des milieux très blancs, où l'autocensure facilitait l'intégration. Par exemple, lors des cérémonies de fumée (*smoking ceremonies*), je n'arrive pas à m'immerger pleinement dans la fumée pour me purifier, comme le veut la coutume. Je me contente d'y marcher et d'en sortir rapidement. Pourtant, sur le campus, nous avons remarqué que la plupart des étudiants qui fréquentent le centre aborigène sont blancs. Ils ont découvert leur ascendance aborigène tardivement et sont aujourd'hui très engagés dans la redécouverte de leur culture et très réceptifs aux histoires et au savoir indigènes.

Que penses-tu du multiculturalisme en Australie ?

Si tu cherches « multiculturalisme australien » sur Google, tu vas trouver des articles affirmant que l'Australie est la société multiculturelle la plus réussie au monde. Il me semble que le multiculturalisme australien est orienté de manière à servir avant tout les cultures dominantes. Par exemple, à Wollongong, l'événement Culture Mix met en avant des aspects plaisants et exotiques des cultures, à travers différents stands comme la cuisine thaïe ou l'art aborigène. Mais dès qu'il s'agit de sujets plus sérieux, comme le référendum sur la Voix indigène au Parlement, le débat est évité ou critiqué. Sous cette façade multiculturelle, il persiste une forte attente assimilationniste envers les minorités.

Je pense, par exemple, à mon père. Pour son infraction, la plupart des gens ne sont condamnés qu'à quatre ou cinq ans de prison, mais lui est en train de purger la peine complète. Il est injuste qu'il ait reçu une peine plus lourde à cause de sa couleur de peau, mais c'est précisément ce que refusent de voir ceux qui achètent ses peintures. Pourtant, il a été condamné pour avoir justement lutté en faveur du retour des cultures aborigènes dans ma région. Cette iniquité me dérange, particulièrement en ce qui concerne les droits fonciers des nations aborigènes dépossédées.

L'aspect foncier est central, n'est-ce pas ?

Absolument. Mes parents se sont rencontrés en militant pour les droits fonciers des nations aborigènes. Je suis née dans une maison où l'on se battait contre de grandes sociétés qui voulaient construire des lotissements sur des sites sacrés. Nathan Moran par exemple, le directeur général du Conseil des terres aborigènes de la zone métropolitaine de Sydney, tente encore aujourd'hui de faire reconnaître les droits fonciers aborigènes sur la plage de Balmoral, dans le quartier huppé de Mosman, mais ça n'a pas bonne presse. Ceux qui affichent une peinture aborigène à 3 000 dollars dans leur salon n'hésitent pas à détourner le regard lorsque les peuples aborigènes réclament leurs droits. Il n'est donc pas surprenant que nous soyons contraints de peindre pour survivre, après avoir été dépossédés de nos terres et des ressources qui en découlent. C'est aussi intéressant de voir que le multiculturalisme ne se concentre que dans certains quartiers et pas dans d'autres. Là où j'ai grandi, à Wollongong, le quartier le plus multiculturel est celui de l'université, avec de nombreux étudiants d'origine étrangère, notamment indienne. Ces cartes racontent une histoire : le vivre-ensemble culturel est encouragé, mais uniquement dans certains quartiers. Il reste absent des zones résidentielles les plus riches et les plus blanches, à moins qu'il ne se limite à une touche d'exotisme, comme un restaurant indien ou un bar à sushis.

Comment imagines-tu l'avenir des Premières Nations en Australie ?

Je suis optimiste car la question aborigène est très présente dans la conscience collective, tant chez les Australiens eux-mêmes que pour les institutions gouvernementales. À l'avenir, je pense qu'il y aura des occasions de changer les choses, d'investir pleinement notre culture, à la fois la danse et la peinture, mais aussi les droits fonciers, la souveraineté aborigène et le processus pour établir un traité entre les nations aborigènes et les États australiens. Je suis moins optimiste à court terme quant aux objectifs de Closing the Gap, notamment en ce qui concerne le fait que la majorité des mineurs incarcérés soient aborigènes, car cela nécessite une transformation complète du système. Cependant, à long terme, en saisissant les opportunités qui se présentent (comme celle de la Voix, même si elle a échoué), je crois que les choses finiront par s'améliorer.

Si j'imagine la situation dans quelques années, je m'attends à voir beaucoup plus de jeunes aborigènes allant à l'université et investissant le milieu académique. Je pense que cela serait bénéfique pour le système. En étudiant le droit, il est évident que certains professeurs n'ont jamais été exposés au point de vue aborigène. C'est un problème pour moi – comment former la prochaine génération d'avocats et de magistrats sans parler par exemple de la sur-incarcération des personnes aborigènes ou de la justice de cercle (*circle sentencing*) ? La justice de cercle est une méthode alternative de justice réparatrice basée sur des principes aborigènes, où les parties s'assoient en cercle et discutent de la peine. Moi, je sais tout ça mais beaucoup d'étudiants n'en ont jamais entendu parler, car justement personne ne l'enseigne. Dans vingt ans, j'espère que le secteur académique aura un autre visage !

AVOIR UNE ASCENDANCE EUROPÉENNE

La plupart des Australiens sont d'origine européenne, principalement anglo-celtique, en raison de l'arrivée de la *First Fleet*, la Première Flotte débarquée en 1788, et des différentes vagues migratoires qui ont suivi : famine irlandaise du XIXe siècle, grande dépression des années 1930, ainsi que l'exil provoqué par les régimes fascistes et les conflits entre les années 1930 et 1950. C'est le cas de la famille d'**Alexander Thalis**, que je connais depuis dix ans. Nous nous sommes rencontrés à l'université, et il habite maintenant la rue d'à côté. Il passe un soir à la maison pour en discuter.

Tu as deux passeports : français et australien. Te sens-tu davantage français ou australien ?
Je me suis toujours senti australien et pas du tout français. Mais je sais que mes grands-parents paternels, qui ont immigré d'Europe au début des années 1950, ont eu une expérience tout à fait différente. Ils n'avaient jamais prévu de devenir australiens et étaient très attachés à leur Europe natale. Ici, ils ne se sont jamais sentis complètement acceptés ni intégrés, mais cela n'est pas mon cas.

Qui étaient-ils ?
Ma grand-mère était française, élevée à Cuba. Mon grand-père était grec, né à Alexandrie, en Égypte. Ils se sont rencontrés en Grèce *via* les connexions professionnelles de mon arrière-grand-père. Ils sont arrivés en Australie dans leur trentaine, avec leurs parents, sans bien parler l'anglais. Ici, leur vie ici a été rythmée par de nombreuses discriminations. Par exemple, mon grand-père était conscrit dans les forces grecques lors de la Seconde Guerre mondiale, du côté des Alliés. Il conduisait des camions et a occupé des postes logistiques dans la campagne d'Afrique du Nord. Une fois en Australie, il a voulu intégrer la « Returned and Services League », l'association des anciens combattants, et participer aux défilés militaires du jour de l'Anzac (Australian and New Zealand Army Corps). Mais comme il était grec, il a trouvé porte close.

Ma grand-mère aussi a connu des difficultés. Titulaire d'un master d'une université parisienne, elle briguait une carrière académique, mais son diplôme n'étant pas reconnu en Australie, elle n'a pu intégrer un doctorat, et ce même après un second master obtenu sur place. Devenue professeure de langue en lycée, elle n'a jamais décroché de poste permanent, malgré presque vingt ans de candidatures. Pourtant, avec deux masters et cinq langues parlées couramment, son niveau dépassait sans doute celui de nombreux enseignants titulaires.

Quant à mon grand-père, il avait une formation de comptable mais n'a jamais trouvé de poste comparable ici. Plus tard, il a trouvé un poste de guichetier dans une banque, mais c'était parce que l'agence était dans un quartier grec et qu'il parlait la langue. Tous deux ont toujours eu le sentiment de ne pas avoir été acceptés comme de vrais Australiens et de n'avoir jamais pu rivaliser à égalité sur le marché du travail. La propriétaire de leur premier appartement vivait à l'étage et jetait son eau sale de ménage sur leur porche.

Mais ces difficultés ne se sont pas transmises à la génération suivante. Mon père et ses frères ont été élevés en vrais petits Australiens : fans de rugby et de cricket, allant à la plage... Mais ça s'est fait de manière assez abrupte, parce que mes grands-parents ont immigré avec leurs parents, et à la maison ça parlait français et grec. Mon père n'a appris l'anglais qu'à l'école maternelle, à trois ans. Mais à l'école primaire, il se sentait déjà australien.

Et du côté de ta famille maternelle ?
Ma famille était déjà en Australie dans les années 1870, comme en témoigne la naissance de mon arrière-arrière-grand-père ici. Mon grand-père maternel, né et élevé en Australie, a passé un an en Europe, où il a rencontré ma grand-mère. Par amour, elle l'a suivi en Australie, au prix du reniement de sa famille.

Je suis toujours surprise de voir à quel point les Australiens d'origine européenne restent liés à l'histoire de l'Europe. Est-ce un sentiment que tu partages ?
Je n'y avais jamais vraiment réfléchi, mais je pense que c'est vrai. Une grande partie des Australiens d'origine européenne ont en commun d'avoir quitté l'Europe pendant ou après la Seconde Guerre mondiale, pour diverses raisons. Certains se sentent probablement comme moi très peu européens et très australiens, mais cette connexion se manifeste à travers

l'éducation, qui n'est pas valorisée en Australie autant qu'elle peut l'être en Europe. En conséquence, je pense que les Australiens d'origine européenne seront fiers d'avoir une connaissance de l'histoire européenne qui surprend jusqu'aux Européens eux-mêmes !

Dirais-tu que le multiculturalisme australien est une réussite ?

Je me demande ! Qu'est-ce que cela dit de l'Australie que la génération de mon père se soit intégrée si facilement ? Dans les années 1950, être d'origine méditerranéenne comme l'étaient mes grands-parents, ce n'était pas être « blanc ». Dans les années 1970 et 1980, avec les vagues d'immigration, notamment d'Asie, les choses ont changé. En l'espace de ces décennies, ma famille est passée de non blanche à blanche.

Je regarde le multiculturalisme ici comme un succès malgré le fait que de nombreux Australiens partagent publiquement des opinions racistes ou xénophobes. J'ai récemment lu le livre d'Anna Tsing, *Le Champignon de la fin du monde*, qui m'a fait réfléchir à la question. Tsing, immigrée chinoise aux États-Unis, raconte que, durant son enfance au temps de la guerre froide, les immigrés étaient acceptés sous condition de démontrer activement leur assimilation à la culture américaine en délaissant leur culture originelle. Selon elle, cela a changé depuis : il n'est aujourd'hui pas attendu des immigrés qu'ils s'assimilent mais plutôt qu'ils subviennent à leurs besoins de manière indépendante, en s'appuyant sur ce qu'ils ont gardé de leur culture d'origine.

De mon point de vue, c'est ce second type de multiculturalisme qui a toujours prévalu en Australie. L'intégration des migrants peut être difficile, mais ils ont toujours eu la liberté de préserver leurs propres pratiques culturelles. C'est aussi ce qui permet aux Australiens blancs d'avoir des opinions xénophobes tout en vivant dans une économie qui offre aux immigrants la possibilité de subvenir à leurs besoins de manière autonome. Les villes sont étendues et ces populations ne se croisent pas souvent.

VIVRE EN TANT QU'« *AUSTRALIAN BORN CHINESE* »

L'Australie a adopté une posture pour le moins ambivalente envers l'Asie au cours de son histoire. Dès le XIXe siècle, le Queensland accueille des immigrés chinois et japonais qui travaillent notamment dans la culture de la canne à sucre et dans l'industrie perlière. Les réactions antichinoises, nourries par la crainte d'une main-d'œuvre bon marché, ont conduit à la politique de l'Australie blanche, qui a duré du début du XXe siècle jusqu'aux années 1960. Ce racisme anti-asiatique fut renforcé lors de la Seconde Guerre mondiale par la crainte d'une conquête asiatique lors de l'entrée des bateaux japonais dans le port de Sydney en 1942. Il perdure encore aujourd'hui, comme en témoigne la hausse des agressions contre les personnes d'origine asiatique depuis la pandémie de Covid-19. Malgré tout, la Chine est la locomotive économique de l'Australie ; le Japon, son deuxième partenaire économique ; et la grande majorité des étudiants étrangers sont chinois et indiens. Pour avoir un point de vue depuis le terrain, je retrouve **Hubert Xiao**, descendant d'immigrés chinois dans un café du quartier d'affaires de Sydney, le *Central Business District*, ou CBD.

Peux-tu nous raconter l'histoire de ta famille ?
Tous mes grands-parents sont chinois. Ma mère est née au Viêt Nam en raison de la guerre sino-japonaise. Elle a ensuite vécu à Hong Kong en tant que jeune adulte, avant de s'installer en Australie dans sa trentaine. Mon père, quant

à lui, a immigré directement de Chine en Australie au même âge. Ils se sont donc rencontrés ici. Pour eux deux, il s'agissait d'opportunités. Au début des années 1960, la Chine traversait la grande famine, la pire de son histoire selon ce que j'en sais. Cet événement a marqué la famille de mon père, lequel a émigré à la fin des années 1980. Quant à ma mère, elle est venue en Australie pour des vacances et a découvert qu'on y travaillait moins dur qu'à Hong Kong, tout en bénéficiant d'une meilleure qualité de vie.

Comment décrirais-tu ton identité ?

Si un étranger me demande d'où je viens, je réponds d'Australie, c'est là où je suis né. Ici, si l'on me pose la question, je dis que je suis d'origine chinoise. Ce qui illustre le mieux mon identité, c'est la catégorie *Australian Born Chinese* : une section spécifique de la population australienne qui partage certaines caractéristiques – par exemple l'importance donnée à l'éducation. Surtout à mon époque, car nos parents venaient d'immigrer et repartaient de zéro, et c'était à nous, leurs enfants, de faire nos preuves. Ces populations tendaient à se retrouver dans les mêmes écoles publiques sélectives. À l'âge de dix ans, tu peux passer un test pour accéder à la classe qui regroupe les bons élèves : dans la mienne, sur trente élèves, vingt-huit étaient d'origine asiatique ! Et dans mon lycée (le meilleur de la Nouvelle-Galles du Sud), c'était 95 % des élèves ! C'était aussi lié à sa situation géographique dans une banlieue prisée par les immigrés chinois, qui ne pouvaient pas s'offrir les écoles privées des banlieues du nord ou de l'est de Sydney. Je suis très reconnaissant envers ce système, qui m'a ouvert les portes de la mobilité sociale.

Mes parents ont dû travailler plus dur que la moyenne, et principalement dans des métiers manuels. Mon père n'a jamais déploré cette situation, mais il a toujours insisté sur les opportunités qui s'offraient à ma sœur et à moi. C'était très motivant pour nous, car nous pouvions voir qu'en travaillant aussi dur que nos parents, nous pouvions aller bien plus loin. Contrairement à d'autres familles, ils ne nous ont jamais mis la pression pour que nous ayons de bons résultats à l'école. Si nous avions besoin de quoi que ce soit, mes parents y pourvoyaient toujours, parfois au prix de réels sacrifices.

La religion chrétienne est aussi une partie essentielle de mon identité. Quand j'étais petit, des amis ont invité ma mère à l'église et j'y suis allé avec elle. J'avais mille questions, notamment comment l'enseignement biblique s'accorde avec ce que nous savons scientifiquement, alors j'ai continué d'y aller chaque semaine pour avoir des réponses. Pour moi, l'essence de la religion, c'est ma relation personnelle avec le Christ : peu importent les dénominations, l'important est de suivre son enseignement. C'est possible de créer des liens profonds avec des inconnus simplement parce qu'on partage les mêmes valeurs chrétiennes. L'influence de la religion sur ma vie est fondamentale, notamment en ce qui concerne l'intégrité. Je dois faire ce qui est juste et aimer mon prochain, surtout quand c'est difficile !

As-tu souffert de racisme ?

Bien sûr, les derniers immigrés le subissent toujours. Ça s'est beaucoup atténué en public aujourd'hui car c'est politiquement incorrect, mais il y a vingt ou trente ans, ce qui se pensait tout bas se disait beaucoup plus ouvertement. En particulier quand nous voyagions dans des zones plus rurales, on entendait les gens faire des commentaires sur nous dans les bars. Ça ne nous a jamais vraiment dérangés et on passait vite à autre chose. Il est assez naturel de passer du temps avec des gens qui nous ressemblent. Dans une société multiculturelle, il existe toujours des groupes variés, et tant qu'ils ne se nuisent pas mutuellement, cela ne pose pas de problème. Ce n'est pas comme si chaque quartier devait être un reflet parfait de la population globale !

Au contraire, cela me dérangerait que l'Australie instaure des quotas ethniques, par exemple pour entrer à l'université. Bien sûr, ce serait toujours présenté de manière positive comme une mesure d'égalité des chances pour certains groupes moins représentés, mais je pense que par définition toute mesure de ce type est une discrimination à l'égard d'un autre groupe encore plus minoritaire. Je suis en faveur de la méritocratie : l'endroit où tu es né ne devrait pas déterminer les opportunités qui s'offrent à toi, y compris pour les Caucasiens. Imaginons que tu sois blanc, mais né dans une famille encore plus pauvre que les immigrés bénéficiant d'un quota. Tu serais alors pénalisé parce que ton groupe social a en moyenne plus de succès économique que toi, ce qui n'a aucun sens. Je crains qu'en essayant de modifier les règles du jeu pour résoudre certains problèmes, on en crée d'autres encore plus compliqués. Je ne prétends pas que tout le monde est à égalité, mais je crois que l'histoire, y compris la mienne, montre que, même en venant d'un milieu désavantagé tu peux déterminer ta voie, tant qu'on t'en donne les moyens, y compris par un accès égal aux études supérieures. Mon père est arrivé en Australie avec seulement deux cents dollars en poche. Il a tout construit à partir de rien. Quand on veut, on peut ! Je pense qu'il ne faut pas enlever cette motivation aux gens, et malheureusement tu peux très facilement le faire en leur apportant tout sur un plateau !

Quelle est ta vision du multiculturalisme en Australie ?
Je pense que c'est un succès – du moins à Sydney, parce que c'est ce que je connais. Le fait est que mes amis sont de toutes origines ethniques, nos liens sont basés sur des intérêts communs et non sur notre ethnicité : travail, hobbies, lieu de vie, etc. Pour moi, c'est le signe d'un multiculturalisme réussi.

J'entends les critiques au sujet des inégalités persistantes, mais je ne les partage pas. Les inégalités ne viennent pas du multiculturalisme, elles étaient là bien avant ! Cela signifie deux choses. La première, c'est que les inégalités existent depuis des millénaires et qu'au contraire Sydney est probablement mieux placée que d'autres endroits sur ce plan. La deuxième, c'est qu'il ne faut pas considérer un moment donné mais les différentes trajectoires. De nombreux immigrés, même s'ils ne réussissent pas aussi bien que les Australiens, font mieux que s'ils étaient restés dans leur pays d'origine. Par exemple, avec le recul et le développement économique chinois des vingt dernières années, on peut se demander si mon père n'aurait pas mieux fait de rester en Chine et de monter son entreprise. Mais lorsqu'il est parti, l'Australie représentait pour lui une terre d'avenir, même s'il devait se retrouver tout en bas de l'échelle sociale. C'est comme en sport : si tu es au sommet de ta ligue et que tu passes à la ligue supérieure, tu es maintenant tout en bas. Mais ce n'est pas injuste, tu as progressé, tu as changé de ligue ! Les gens sont réticents à reconnaître les disparités entre les groupes sociaux, mais il est important de penser en termes de trajectoire. Les choses évoluent, et essayer de forcer ce changement dans un laps de temps plus court peut avoir de lourdes conséquences.

LE RÊVE *BACKPACKER* : IMMIGRER EN AUSTRALIE COMME JEUNE ADULTE

Le rêve australien, en particulier pour les jeunes Européens, tient en trois mots : visa vacances-travail. Ce visa, ouvert aux moins de trente-cinq ans, permet de venir travailler et visiter le pays pour un ou deux ans. Autour de cent mille *backpackers*, désignés ainsi en raison de leur sac à dos (*backpack* en anglais), arrivent chaque année en Australie, principalement du Royaume-Uni et de France. Bien que sa conversion en un visa permanent soit de plus en plus difficile, le visa vacances-travail a constitué pour beaucoup une porte d'entrée pour une expatriation de long terme. Ce fut le cas de **Catherine Laws**, que j'ai rencontrée dans un groupe de course à pied il y a quelques années. Immigrée britannique, elle m'invite à dîner dans son appartement acheté à Sydney il y a un an, au cœur d'Alexandria, quartier en pleine gentrification, populaire pour ses cafés et ses restaurants, proche des transports et du CBD. Catherine m'apprend qu'elle vient tout juste d'obtenir la nationalité australienne. Une entrée en matière idéale.

Quel effet cela te fait d'être désormais australienne ?
Ça fait du bien mais c'est étrange. Pour moi qui suis née en Angleterre, de parents aussi anglais que tu puisses l'imaginer, c'est une nouvelle identité. Est-ce que je me sens australienne ? Pas tout à fait, mais j'espère que ça changera avec les années !

Cela fait sept ans et demi que tu vis en Australie. Pourquoi t'es-tu expatriée ?
Je voulais venir vivre en Australie depuis longtemps. Quand j'avais dix ans, nous sommes venus pour des vacances, et toute la famille est tombée sous le charme du pays. Mes parents ont pensé à émigrer, mais mon père aurait dû repasser toutes ses qualifications d'ingénieur, donc cela ne s'est pas fait. Cependant l'idée m'est restée. Quand j'ai obtenu ma licence en 2010, deux ans après la crise financière de 2008, les jeunes diplômés comme moi avaient du mal à trouver un emploi. Même si l'Australie était mon choix initial, je suis partie enseigner l'anglais en Corée du Sud. Après quelques années, j'ai demandé un visa vacances-travail et je suis venue ici.

Était-ce juste pour un an ou deux ou avais-tu l'ambition de t'expatrier pour de bon ?
Dès le premier jour, mon intention était de m'installer ici pour de bon et j'ai tout mis en œuvre pour que cela se fasse. Quelques années plus tôt, j'avais rencontré quelqu'un travaillant dans les

ressources humaines en Australie. Je savais donc que c'était un secteur où l'on pouvait obtenir un visa sponsorisé, pouvant éventuellement mener à la résidence permanente. Mon plan était clair: venir sur un visa vacances-travail, le transformer en un visa de travail sponsorisé, puis faire ma vie ici.

Dès mon arrivée, j'ai ouvert mon compte en banque, demandé mon numéro d'imposition personnel pour pouvoir travailler, pris un forfait téléphonique et posté une annonce en disant que j'étais libre immédiatement pour des travaux agricoles. Ceux-ci sont obligatoires pour prolonger d'un an son visa vacances-travail, donc je les ai faits le plus tôt possible. On m'a rappelée le lendemain, et deux jours après je partais à Adelaïde pour travailler dans une ferme laitière. Je n'avais jamais travaillé dans une ferme mais j'étais déterminée !

Comment se sont passés les trois mois de travail agricole ?

J'ai travaillé dans cette ferme laitière pendant sept semaines et j'ai détesté ça. J'ai attrapé une infection qui m'a valu une semaine d'hospitalisation. Quand le fermier est venu me chercher à l'hôpital et qu'il m'a demandé si j'avais passé de bonnes vacances, j'ai posé ma démission. Je suis partie terminer mes trois mois dans le Victoria planter des pins, grâce à une connaissance qui faisait ça et m'avait prévenue qu'il y avait des places supplémentaires.

On comprend pourquoi les travaux agricoles sont obligatoires pour les *backpackers*: aucun Australien ne veut faire ça. C'est un travail éreintant pour un salaire très bas. J'avais spécifiquement ciblé l'industrie laitière parce que je savais qu'elle payait à l'heure, et pas à la tâche comme la cueillette des fruits ou des légumes. À la ferme, j'étais payée 18 dollars de l'heure et logée gratuitement dans une annexe séparée (un luxe incroyable après plusieurs mois dans des auberges de jeunesse). Mais je me sentais très seule. Je travaillais seule avec ma manager, qui n'était pas très sympathique. À la plantation de pins, j'étais payée environ 10 centimes par arbre planté, ce qui me faisait environ 500 ou 600 dollars par semaine. Mais mon logement me coûtait 270 dollars la semaine, pour un lit dans un dortoir partagé avec sept autres filles !

En vérité, c'est tout un système d'exploitation. À la plantation, c'était l'auberge de jeunesse qui te trouvait du travail, mais ils te disaient toujours que tu ne pouvais commencer qu'une semaine plus tard car ça leur fait une semaine de revenus en plus. Ils ne confirmaient pas avant le jour J, ils disaient simplement « Reviens la semaine prochaine et on te trouvera du travail. » Et ça avec tout le monde. C'était le seul logement aux alentours donc je n'avais évidemment pas le choix. Alors que mon premier logement à Sydney m'a coûté le même prix, 270 dollars par semaine, pour une chambre à moi toute seule à Darlinghurst, en plein centre-ville !

Après quelques semaines à planter des arbres, tu as déménagé à … ?

Sydney ! J'avais initialement atterri à Perth en arrivant en Australie parce que je pensais que Sydney était comme Londres : trop grande et bondée. Je préférais vivre dans une ville à taille humaine, à proximité de la mer. Après avoir déménagé en Australie méridionale pour travailler dans la ferme laitière, puis dans le Victoria, je me suis retrouvée plus proche de Sydney. Étant donné que cette ville est le centre économique de l'Australie, je pensais qu'il y aurait plus de travail qu'à Perth, qui était alors sur la fin de sa remarquable expansion économique des années 2000, grâce à l'industrie minière.

J'ai commencé à candidater à des postes deux semaines avant de finir à la plantation et j'ai eu des entretiens d'embauche lors de ma première semaine à Sydney. J'ai terminé un jeudi, j'ai passé deux jours à Melbourne, pris le train de nuit pour

Sydney et je suis arrivée le dimanche. Le lundi matin, j'étais au quarantième étage du Gateway, un gratte-ciel avec une vue magnifique sur la baie de Sydney, et je me suis dit que j'avais réussi. J'ai trouvé mon poste en ressources humaines chez Hays cette semaine-là.

Et ils t'ont sponsorisée ?
Pas tout de suite. Sur le visa vacances-travail tu ne peux travailler que six mois pour un même employeur. Donc j'ai commencé chez Hays et au bout de quatre mois j'ai demandé à mon manager comment ça se passait, s'il fallait que je commence à chercher ailleurs ou s'ils allaient me sponsoriser pour un visa travail. Ça a eu l'air de lui faire peur et ils m'ont sponsorisée.

En attendant la résidence permanente, tu devais alors garder ton emploi pour rester en Australie. Quel impact cela a-t-il eu sur ta vie ?

Il y a des aspects du recrutement que j'aime mais, sans la contrainte du visa, j'aurais probablement changé de secteur après un ou deux ans. En fin de compte, c'est le visa qui a orienté ma carrière, et après sept ans, il est difficile de faire marche arrière. Il faut rester deux ans auprès du même employeur pour être éligible à la résidence permanente. Si tu changes, le compteur se remet à zéro. Ce qui veut dire que ton employeur peut te payer moins ou te faire progresser moins vite, car il sait que tu es captif. Je me suis parfois sentie piégée, mais j'ai aussi pris des risques en changeant deux fois d'employeur, ce qui m'a maintenue dans une situation assez précaire pendant cinq ans au total. Même si c'était de mon fait, ça m'a empêchée de m'investir pleinement dans ma vie ici – à quoi bon m'épuiser quand je peux être virée la semaine d'après et devoir tout quitter ? C'est vraiment difficile quand tu n'es pas aux manettes. Maintenant que je suis une citoyenne australienne, tout est possible : c'est moi qui décide, pas mon employeur !

Quelle est ton expérience du multiculturalisme en Australie ?
La ville de Sydney est très multiculturelle, c'est pour cette raison que je suis restée ici. Mon conjoint vient d'Adélaïde et, à ce que je comprends, il est plus difficile de s'intégrer car c'est une ville moins cosmopolite. Ici à Sydney, je passe le plus clair de mon temps avec d'autres expatriés ou des Australiens qui ne sont pas originaires de la ville, car ceux qui ont fait toute leur vie ici ont déjà leurs cercles et ne cherchent pas de nouvelles connaissances.

TROUVER REFUGE EN AUSTRALIE

L'Australie a ouvert ses portes aux réfugiés européens après la Seconde Guerre mondiale. Ceux-ci laissent la place aux *boat people* vietnamiens, cambodgiens et laotiens dans les années 1970, puis aux demandeurs d'asile en provenance du Moyen-Orient au XXIe siècle : Afghanistan, Irak, Syrie. Cette ouverture ne se fait pas sans frictions. En 2005, à Cronulla, une banlieue de Sydney, une altercation entre des surveillants de plage blancs et un groupe de jeunes moyen-orientaux provoque de vastes émeutes. Cinq mille Australiens se regroupent pour « reprendre la plage aux immigrés », faisant vingt-six blessés. Près de dix ans plus tard, en décembre 2014, un Australien d'origine iranienne prend en otage dix clients et huit employés du café Lindt à Martin Place, au cœur de Sydney. L'attaque terroriste dure deux jours et fait trois morts, marquant durablement les consciences d'un pays par ailleurs relativement épargné par les troubles géopolitiques. **Widyan Fares** connaît bien ces ambivalences du multiculturalisme. Elle les vit au quotidien, les étudie dans le cadre de sa thèse, et tente de les résoudre comme fonctionnaire. Nous en discutons un vendredi soir sur Zoom.

Peux-tu nous raconter ton histoire ?

Mes parents sont irakiens. Ils se sont mariés très jeunes alors que mon père était conscrit dans la guerre Iran-Irak. En 1990, face à la menace d'invasion du Koweït par l'Irak, mon père a compris qu'il serait de nouveau appelé à servir dans l'armée. Politiquement engagé au sein de la communauté chiite – majoritaire mais sévèrement persécutée sous le régime Baas – il figurait sur la liste d'exécution de Saddam Hussein. En apprenant que certaines familles avaient fui en Arabie saoudite, il a réalisé que c'était le moment ou jamais de partir.

Alors que ma mère était enceinte de moi, il lui a dit qu'ils partaient en voyage. En réalité, ils allaient au camp de Rahfa, qui comptait environ vingt mille réfugiés irakiens. Ma petite sœur et moi-même sommes nées dans une tente de l'ONU pendant les cinq ans que mes parents ont passés dans le camp. Initialement, ils pensaient rentrer en Irak : mon père échangeait des dollars américains pour des dollars irakiens, ma mère vendait des produits non périssables, et mon père gardait l'argent dans une glacière qu'il passait son temps à déterrer et à enterrer. Puis le dollar irakien s'est effondré, l'argent mis de côté a immédiatement perdu toute sa valeur, et le régime de Saddam Hussein est devenu instable. Mes parents ont compris qu'il fallait changer de plan. Pendant ce temps, l'ONU avait conclu un accord avec plusieurs pays, dont l'Australie, pour accueillir des réfugiés. Moins d'un mois après notre entretien avec un agent, nous embarquions sur un vol Qantas à destination de Sydney, où nous avons atterri le 21 août 1995.

Comment s'est passée l'arrivée en Australie ?

Je me souviens de notre agent de migration : un Égyptien qui s'appelait Mohammed. Notre premier dîner était une pizza, mais personne ne mangeait car nous attendions le pain qui accompagne traditionnellement les repas. Il a dû nous expliquer que nous n'avions pas besoin d'attendre car la pâte de la pizza faisait office de pain ! Je me rappelle avoir appris l'anglais grâce à notre voisin qui nous a offert de gigantesques chaussettes de Noël remplies de cadeaux, dont une cassette du dessin animé *Le Prince noir*, que je connaissais par cœur. Après avoir vécu à Auburn dans l'ouest de Sydney pendant quatre ans, mon père avait rassemblé l'apport nécessaire pour acheter une maison dans le quartier voisin de Fairfield, qui est maintenant connu comme « la Petite Bagdad » à cause de tous les immigrés irakiens qui y vivent.

Depuis que j'ai quatre ans, j'ai grandi en Australie et je me considère aujourd'hui comme Irakienne-Australienne. Ma foi, l'islam chiite, est alignée avec mon identité. Être une bonne musulmane implique d'être une bonne Australienne, et être une bonne Australienne coche certaines cases pour être une bonne musulmane. De ce point de vue je n'ai jamais eu de crise d'identité, du moins pas jusqu'à ce que je visite l'Irak pour la première fois en 2016. Car j'ai grandi en pensant que j'étais irakienne, mais je me suis alors rendu compte que j'étais très différente des Irakiens sur place. En réalité, j'appartiens à la diaspora irakienne d'Australie, un mélange entre pays d'origine et pays d'adoption.

Et justement, grandir dans cette diaspora, c'était comment ?

Mon père travaillait beaucoup, on ne le voyait presque pas. Donc ma mère nous a élevés quasiment seule (nous sommes six, et seul le petit dernier est né en Australie). Elle ne parle pas très bien anglais, elle n'en a pas besoin dans sa vie quotidienne puisque tous les commerçants du quartier parlent arabe ! On parle parfois de « ghettos » pour désigner ces communautés, mais elles sont une ressource précieuse pour les immigrés. Grâce à elles, mes parents ont pu préserver leur culture irakienne et musulmane, y compris la répartition très genrée des rôles.

Grandir en tant qu'Australienne a parfois été en contradiction avec cet héritage. Mes frères et mes sœurs aînés n'avaient pas le droit d'aller en sortie scolaire, par exemple. Ce n'est que quand ma sœur et moi sommes entrées à l'université que mes parents ont réalisé qu'ils devaient changer de style d'éducation. Je suis allée à l'université de Wollongong, c'était très loin de Fairfield, surtout en transports en commun ! Malgré leur expérience, ou peut-être à cause d'elle, mes parents prônaient une éducation aussi poussée que possible, ce qui explique sans doute pourquoi je termine aujourd'hui ma thèse. Globalement, mes frères, mes sœurs et moi avons trouvé un équilibre avec nos parents : chacun a suivi sa propre voie, mais toujours dans l'objectif d'améliorer notre vie et celle de notre famille.

Ton histoire personnelle a-t-elle façonné ton parcours professionnel ?

Absolument. J'ai fait une licence de journalisme car je voulais représenter une diversité absente des écrans. À la fin des années 2000, la communauté moyen-orientale venait d'être projetée à la une des médias à cause de la rhétorique de « la guerre contre la terreur » américaine et des émeutes de Cronulla. Or, ce n'était pas ce que je connaissais de ma communauté, et je voulais incarner ce visage méconnu du grand public.

J'ai d'abord fait du volontariat, puis j'ai intégré le programme pour jeunes diplômés d'une grande chaîne de télévision australienne. Cependant, en pleine restructuration, mon contrat n'a pas été renouvelé. En 2014-2015, alors que l'Irak était au centre de l'actualité avec l'invasion de l'État islamique et le siège du café Lindt, j'étais perçue comme la journaliste musulmane « de service », ce qui m'a totalement détournée du journalisme.

Par chance, mes contacts dans l'administration, issus de mon poste de chargée de relations avec les communautés pour une instance gouvernementale, m'ont permis de relancer ma carrière. Je me rends compte que ce travail m'apporte plus de satisfaction, car il me permet d'influencer les décisions de l'intérieur. Je peux ainsi représenter ma communauté et l'Australie pour améliorer les lois et les politiques publiques. Je travaille désormais dans le secteur de la diversité, de la cohésion sociale et de la prévention de l'extrémisme, ce qui prolonge naturellement mon engagement associatif.

Ma thèse a également été motivée par le fait qu'en tant que musulmane chiite, je fais partie d'une minorité au sein d'une minorité. Mon travail, tant professionnel que bénévole, s'est toujours porté sur la communauté sunnite, alors que la communauté chiite est trop souvent négligée, y compris dans la recherche académique. Il était donc important pour moi de la mettre en lumière : ma thèse explore la manière dont la communauté chiite libanaise utilise les médias, en particulier les médias non traditionnels. Cette thèse est le résumé de mon parcours : elle combine mes passions pour le journalisme, le multiculturalisme, la diversité et sa représentation, et même un peu de politiques publiques ! C'est un projet qui me tient vraiment à cœur, même si ma thèse est juste archivée sur une étagère, peut-être qu'un jour quelqu'un l'ouvrira…

Que penses-tu du multiculturalisme en Australie ?

Je pense que c'est un succès mais il y a encore des progrès à faire. Certes, les gens sont tolérants, mais ils sont *seulement* tolérants. L'Australie en est restée là, on est content de manger un kebab ou d'autres plats exotiques, mais les immigrés ne devraient pas en faire trop, ne devraient pas être trop irakiens, ou trop musulmans… Je pense qu'il y a toujours une certaine réticence à être aussi ouverts et avenants que nous aimons le montrer au reste du monde. Il n'y a qu'à écouter les débats actuels autour du référendum pour la Voix indigène au Parlement pour s'en apercevoir.

L'universitaire en moi, qui vient de lire l'anthropologue spécialisé dans les migrations Ghassan Hage, souhaite également souligner que le multiculturalisme australien persiste avant tout pour le confort de la majorité blanche. J'étais récemment dans une réunion pour la revue des politiques multiculturelles fédérales, et l'un des intervenants n'arrêtait pas de répéter à quel point les principes du multiculturalisme étaient fondamentaux pour l'Australie. Ce qui compte réellement pour les gens, ce ne sont pas les grandes déclarations, mais plutôt s'ils réussissent à obtenir un emploi ou si leur nom leur en interdit l'accès. Je ne peux cependant pas oublier mes parents et les autres personnes pour qui, comme eux, venir en Australie était une question de vie ou de mort. En cela, le multiculturalisme a fonctionné et leur a offert une seconde chance, en leur permettant de bénéficier de ressources et droits fondamentaux auxquels ils n'auraient pas pu prétendre dans leur pays d'origine. Les débats académiques le perdent parfois de vue, et il faut donc absolument le souligner.

CHAPITRE II

NO WORRIES, MATE : ALCOOL, *MATESHIP* ET ÉGALITARISME

Pour un nouvel arrivant fraîchement débarqué de l'avion, les traits les plus marquants de la sociabilité australienne sont sans doute sa décontraction, sa chaleur et son optimisme. Tout problème finira toujours par se régler, conformément à l'expression *she'll be right*. Les mots et les noms s'abrègent allègrement, tout le monde est un ami, un *mate* – surtout si son nom vous échappe. Le *mateship* désigne ainsi cet esprit de camaraderie, d'amitié et de loyauté que l'on adopte à l'égard de ses pairs.

Cette informalité caractéristique de la société australienne vient en partie de son passé bagnard. À l'époque des colonies, la population était en majorité composée de prisonniers pauvres et sans droits politiques. En aspirant à s'élever au rang d'hommes libres, ils incarnaient la figure du battant (*battler*) ou du voyou (*larrikin*) qui s'en sort à force de travail, d'ingéniosité et de quelques arrangements avec la loi ou la morale. C'est cet état d'esprit que l'on retrouve dans les figures nationales, comme le héros Ned Kelly, un hors-la-loi d'origine irlandaise sévissant au milieu du XIXe siècle dans le Victoria, ou le protagoniste de l'hymne officieux australien, *Waltzing Matilda*, qui raconte la résistance d'un *swagman* (travailleur itinérant) à un riche propriétaire.

L'égalité première entre les prisonniers a aussi laissé une empreinte durable dans la psyché australienne, où le « syndrome du grand coquelicot » (*tall poppy syndrome*) peut encore susciter une méfiance envers la réussite individuelle. La société hiérarchisée britannique a cédé la place à une société australienne qui se veut égalitaire et sans classe, où l'informalité et la camaraderie prévalent sur les marques de déférence envers ceux de rang ou de condition sociale supérieure. Par exemple, selon la légende, le capitaine de l'équipe de cricket d'Australie, Dennis Lillee, légèrement alcoolisé, aurait salué la reine Élisabeth II à Buckingham Palace en 1981, d'une manière peu protocolaire mais typiquement australienne : *G'day, how ya going ?*

C'est cet état d'esprit égalitaire que l'on retrouve dans la démocratie australienne. Les femmes acquièrent le droit de vote en 1902 (faisant de l'Australie le deuxième pays au monde à donner le droit de vote aux femmes, après la Nouvelle-Zélande), et le vote devient obligatoire en 1924, assurant que les élus soient représentatifs de l'ensemble de la nation. S'ajoute à cela le fait que le scrutin est de type préférentiel. Les électeurs listent l'ensemble des candidats par ordre de préférence (au lieu, comme en France, de ne désigner que leur premier choix). En conséquence, toutes les voix continuent d'être prises en compte pour désigner le vainqueur, plutôt que d'être oubliées une fois leur préférence éliminée. L'Australie apparaît alors comme un exemple de démocratie : l'architecture du Parlement a même été spécialement conçue pour permettre aux visiteurs de se promener sur son toit végétalisé, rappelant ainsi que le peuple se situe au-dessus des élus.

L'égalitarisme australien reste cependant, dans les faits, à géométrie variable. Ce n'est qu'avec le référendum de 1967 que les Aborigènes ont été inclus dans le champ des lois fédérales et pris en compte dans le recensement, une date qui marque, dans la mémoire collective, leur intégration officielle à la nation. Par ailleurs, l'idéal d'une société sans classes se fissure progressivement face à la montée des inégalités, notamment entre générations : d'un côté, les retraités possédant une ou plusieurs propriétés immobilières ; de l'autre, les jeunes peinant à acheter une maison. Un écart exacerbé par l'absence d'impôt sur les successions en Australie, risquant ainsi de stratifier ces écarts de richesse entre les familles.

Entre mythe et réalité, petit voyage dans le *mateship* australien autour de quatre passages obligés : l'alcool, l'armée, les mines et la musique.

B OIRE UN *TINNY* AUTOUR DU *BARBIE*

L'alcool est l'un des principaux moyens de socialisation tout autour du monde, mais ceci est particulièrement vrai en Australie. Dans une publicité très cliché, l'acteur Paul Hogan, connu pour son rôle dans *Crocodile Dundee*, annonce que l'île-continent est le pays le plus sympathique du monde. Et il est vrai que les fêtes australiennes commencent en général vers midi, pour durer tout l'après-midi et se prolonger jusqu'en soirée. De fait, l'alcool est une partie intégrante de l'histoire australienne. Le peuple Yolngu achetait de l'arrack, un alcool fort, aux commerçants Makassar originaires d'Indonésie, le rhum fut une monnaie d'échange dans les colonies, et l'ancien Premier Ministre travailliste Bob Hawke est également célèbre pour avoir établi un record du monde en buvant un yard de bière (0,91 mètre) à une vitesse record durant ses années d'études à Oxford.

Mais l'alcool a aussi son côté sombre. Environ un tiers des adultes australiens en consomment à un niveau préoccupant pour leur santé. Les statistiques montrent que, bien que les populations indigènes soient plus enclines à l'abstinence que les non indigènes, elles sont aussi plus susceptibles, lorsqu'elles boivent, de consommer de grandes quantités. Afin d'évoquer la relation des Australiens avec l'alcool, je retrouve **Max Allen**, chroniqueur hebdomadaire sur l'alcool dans l'*Australian Financial Review* et auteur du livre *Intoxicating : 10 drinks that shaped Australia* publié en 2020.

Comment êtes-vous devenu critique d'alcool en Australie ?

J'ai grandi au Royaume-Uni, mais mon beau-père était australien. Nous venions régulièrement en vacances ici avant que je vienne m'y installer comme jeune adulte au début des années 1990. Durant nos voyages je trouvais que le rapport à l'alcool était différent de celui que je connaissais en Angleterre : dans le jardin, autour du barbecue, l'été, les hommes avec la canette de bière toujours dans la main… C'est peut-être un souvenir reconstruit après coup, mais je me souviens d'une consommation quasi constante. Dans les décennies qui ont suivi, lors de mes retours au Royaume-Uni, je me suis aperçu que cette consommation permanente de bière était aussi une tradition très anglaise. C'est alors que j'ai réalisé que le cliché de l'Australie véhiculé par la publicité de Paul Hogan trouvait en réalité son origine en Angleterre.

En revanche, le vin avait un statut différent. Au Royaume-Uni, il s'agissait d'un marqueur de classe : absent dans la classe ouvrière, il apparaissait progressivement à mesure que l'on montait dans l'échelle sociale, alors qu'ici le vin était plus démocratisé. Cela vient en partie du fait que l'Australie est un pays producteur, alors qu'en Angleterre c'est un produit importé et donc exotique. À cette époque, les vins australiens étaient en plein essor au Royaume-Uni, « du soleil dans un verre ». Les Australiens étaient et continuent d'être fiers de voir leurs vins appréciés dans le monde entier. C'est pour ça que, selon moi, la décision de la Chine de cibler les exportations de vin australien il y a quelques années était très maligne, ça touchait un point sensible. Quand ils ont arrêté d'importer d'autres produits, ça n'a pas eu beaucoup d'effet, mais avec le vin, tout a basculé !

Que pensez-vous de la dualité australienne autour de l'alcool, entre des règles strictes (interdiction de boire dans les parcs, achat d'alcool dans des magasins spécialisés, etc.) et son omniprésence ?

Cela ne se limite pas à l'alcool. Cette contradiction est au cœur de la culture australienne tout court. D'un côté, nous aimons nous voir comme décontractés, voire irrévérencieux, et ne suivant pas les règles. Mais de l'autre, nous vivons dans l'un des pays les plus régulés au monde. Cette contradiction est souvent associée à notre passé de colonie pénitentiaire, qui a mêlé une volonté de rébellion à un contrôle strict, et ce dès 1788.

La Première Flotte est arrivée avec 54 000 litres de rhum, soit 40 litres par personne. Puis la colonie en a importé encore plus quand elle a eu des problèmes d'argent. L'origine du rhum remonte à l'héritage colonial de la marine britannique, mais à l'époque, le terme «rhum» était utilisé de manière générique pour désigner tous les alcools forts. Une partie de ce «rhum» provenait même d'Asie. Ce n'est donc pas l'alcool tel que nous le connaissons aujourd'hui.

Avant la colonisation, beaucoup de communautés aborigènes buvaient des boissons fermentées, mais en général celles-ci étaient peu alcoolisées, saisonnières et consommées surtout lors de cérémonies. L'arrivée des spiritueux avec la flotte anglaise a marqué le début d'une consommation omniprésente d'alcools beaucoup plus forts. Les Britanniques ont utilisé l'alcool comme un moyen de contrôle des populations aborigènes, menant à des situations d'abus, et les interdictions subséquentes ont exacerbé le problème. Pendant des décennies, les Aborigènes n'avaient, en théorie, pas le droit d'acheter ou de consommer d'alcool, ce qui a encouragé le *sly-grogging*, le commerce clandestin.

Il est intéressant de se demander ce qui se serait passé si une autre culture avait colonisé l'Australie. Quel type d'alcools serions-nous en train de boire aujourd'hui si les Français, arrivés à Sydney quelques jours après la Première Flotte, avaient été les premiers à s'y installer? Cela dit, même sans Français, le vin a fait partie intégrante de la colonisation du continent: planter des vignes était un des moyens de «dompter» le territoire. Les Anglais ont adopté une culture française emblématique pour affirmer leur présence sur ce nouveau continent. Pour la petite histoire, au XVIIe siècle, l'ancêtre de la famille de Pury, qui possède maintenant le domaine Yeringberg dans la vallée de la Yarra, travaillait pour la compagnie néerlandaise des Indes orientales et avait proposé la colonisation des terres australiennes pour y mettre des vignes.

Quelle importance le genre a-t-il dans la consommation d'alcool en Australie ?

Historiquement, la consommation d'alcool était très séparée, voire ségrégée. La culture du *shout* – un groupe d'hommes achetant des tournées – est née dans les mines d'or au XIXe siècle. Quant aux femmes, elles ne buvaient que chez elles. Boire en public était perçu comme un signe de déclin moral.

L'égalité des genres dans la consommation d'alcool est très récente. Jusque dans les années 1960 ou 1970 selon les États, la législation interdisait aux hommes et aux femmes de boire dans la même pièce. Il y a des images de Merle Thornton, la mère de l'actrice Sigrid Thornton, en 1965 s'enchaînant au bar de l'hôtel Regatta à Brisbane – à l'époque réservé aux hommes – pour commander un verre. La consommation de vin par les femmes a véritablement commencé à se développer dans les années 1970, avec des vins leur étant spécifiquement destinés, tels que le Spätlese Lexia, le Ben Ean Moselle et d'autres.

Qu'en est-il du mouvement prohibitionniste en Australie ?

L'Australie a connu un « mouvement de la Tempérance », et ce penchant à la modération refait surface aujourd'hui avec la tendance croissante des boissons non alcoolisées ou à très faible teneur en alcool. Au début du XXe siècle, nous ne sommes pas passés loin d'une prohibition comme en Amérique. Un certain nombre de référendums ont tenté d'interdire l'alcool, notamment en Australie-Occidentale, mais ils ont tous échoué. Ce qui soulève une contradiction fondamentale de la société australienne : nous nous percevons historiquement comme une nation de gros buveurs, mais aujourd'hui environ 23 % de la population ne consomme pas du tout d'alcool.

Si je devais réécrire mon livre sur les dix boissons qui ont façonné l'Australie, j'y inclurais aujourd'hui une boisson sans alcool, comme la marque NON qui fait des boissons alternatives au vin, ou Heaps Normal, bière sans alcool. Ces marques ont véritablement explosé récemment, mais il y a quatre ans, cela ne m'était même pas venu à l'esprit – ce qui montre à quel point la tendance est récente.

Quelles sont les autres tendances actuelles et à venir ?

Le «*no-low*» (sans alcool ou avec peu d'alcool) est plutôt une tendance à la modération qu'un choix binaire, sans ou avec alcool, et ne montre aucun signe de décélération. Par exemple, récemment, j'ai reçu du vin de la part d'un petit producteur de rosé. Il produit son vin habituel à 12 % d'alcool, mais en propose aussi une version à 7 %.

L'Australie suit également les tendances internationales : le retour du rosé, le goût pour les vins rouges légers, la popularité du cidre depuis la fin des années 2000, et l'engouement pour la bière et les spiritueux artisanaux durant les vingt dernières années… Cela prouve que notre pays entretient de fortes connexions culturelles – les microbrasseries ont vu le jour aux États-Unis avant de s'exporter ici, et le boom du cidre est né au Royaume-Uni avant de conquérir notre marché. Mais nous assistons aujourd'hui à une certaine rationalisation des producteurs : les explosions du cidre et des alcools artisanaux semblent se calmer.

Un autre mouvement global est la diversification, qui tranche avec la consommation australienne traditionnelle. J'ai le sentiment qu'il y a une génération de cela les gens étaient attachés à une marque en particulier (notamment pour les bières et les spiritueux : Bundaberg, VB, Tooheys), alors qu'aujourd'hui les jeunes gens naviguent plus facilement de l'une à l'autre en fonction du moment et de leurs envies. Il y a plus de choix aujourd'hui, ce qui reflète une consommation bien plus diversifiée.

Il y a des choses que j'espérais et qui sont arrivées, comme l'importance de l'agroécologie et la diversification des variétés de raisin, mais ça reste un phénomène de niche. Bien que le nombre de variétés de raisin cultivées commercialement soit passé de 75 à environ 130 au cours des vingt-cinq dernières années, le chardonnay et le syrah continuent de dominer largement et les petites variétés ne représentent que 4 % de la production totale.

J'aimerais que la production viticole industrielle se fragmente au profit de propriétés familiales avec une vision à long terme et une place plus importante accordée à l'environnement, mais cela ne va probablement pas arriver. J'aimerais également qu'il y ait sur le marché plus de boissons alcoolisées aborigènes produites et possédées par des Aborigènes. Celles-ci sont en pleine croissance mais le tout reste très marginal du fait d'un approvisionnement limité en matières premières : il n'y a pas assez d'ingrédients.

Il y a aussi des surprises, par exemple l'apparition des vins naturels au début des années 2010. Anton von Klopper et son groupe Natural Selection Theory ont introduit l'idée que le vin doit être le reflet du terroir, prônant un minimum d'interventions dans la culture du raisin. Le Rootstock Festival de Sydney en 2013 a marqué le début d'un véritable mouvement, redéfinissant ce qui est considéré comme acceptable dans la production de vin. Des producteurs conventionnels font maintenant des vins pétillants naturels ou des vins blancs macérés. C'était inimaginable il y a quinze ans.

ÊTRE UN BON *MATE* : L'IDÉAL MILITAIRE AUSTRALIEN

L'Australie, contrairement à ce que l'on pourrait penser du fait de son éloignement géographique du reste du monde, a une histoire militaire très forte. C'est à la suite d'un rapport de l'armée britannique établissant que les colonies étaient insuffisamment dotées en hommes et en armes, et recommandant la création d'une force de défense nationale, que naît le projet de fédération dans les années 1890. En 1914, la jeune fédération envoie pour la première fois ses forces armées combattre pour la mère patrie au sein des mythiques Anzac. Chose remarquable : cela se fait sur la base du volontariat. Environ 400 000 hommes, soit 40 % de la population masculine, sont envoyés – 60 000 d'entre eux trouvent la mort (soit deux fois les pertes américaines), dont 8 000 à l'offensive de Gallipoli dans le détroit des Dardanelles. Cette tragédie constitue le creuset de la mémoire collective et du sentiment national australien, et se trouve célébrée chaque année en sa date du 25 avril par l'Anzac Day. Des levers de drapeau sont organisés dans chaque commune, et les anciens combattants défilent avant d'aller jouer au *two-up* comme dans les tranchées et boire des coups aux pubs, spécialement ouverts plus tôt ce jour-là. L'égalitarisme australien trouve ainsi sa facette militaire dans le *mateship* démontré par les Anzac, et dont la tradition perdure aujourd'hui. Personne n'est mieux placé pour en parler que mon ami **Xander Ryrie**, ancien militaire et descendant d'une grande famille de militaires. Il passe déjeuner à la maison et nous raconte son expérience.

Comment s'est passée ton expérience dans l'armée ?

À 24 ans, après deux ans passés dans la finance, je me suis dit que la vie devait pouvoir m'offrir autre chose. J'ai alors rejoint l'armée, où je suis resté jusqu'à mes 31 ans. C'était aussi une envie d'aventure !

J'étais basé à Brisbane pour deux ans d'entraînement en tant que commandant de section dans l'infanterie. C'était intense, car chaque année tu dois être au top dans toutes les configurations de combat : seul, à deux, à quatre, à huit et à quarante… Nous avions aussi des entraînements à l'extérieur, par exemple trois mois dans la jungle en Malaisie. C'était très dur, surtout le manque de sommeil : seulement deux heures par nuit, entrecoupées de tours de garde. Le but est de voir ce que tu vaux sans sommeil, car la guerre ne fait pas de pause.

Après l'infanterie, je me suis spécialisé dans le renseignement. En 2016, j'ai passé sept mois en Égypte dans la force multinationale d'observateurs du Sinaï, mise en place en 1982 après les accords de paix de Camp David entre l'Égypte et Israël. À la suite des Printemps arabes de 2011, une guerre civile a éclaté dans le Sinaï, opposant principalement les forces de l'ordre égyptiennes à l'État islamique. Nous conduisions toujours nos opérations de maintien de la paix pour assurer que l'Égypte et Israël respectent le traité, mais il y avait des convois de l'État islamique juste à côté. Ils ne nous attaquaient pas, car la force multinationale représentait un employeur local important, notamment pour des missions comme la protection des antennes de transmission radio.

Cependant, à un moment donné, l'État islamique a été convaincu que les armées égyptienne et israélienne utilisaient la base de la force multinationale pour les bombarder. Du jour au lendemain, nous avons dû nous préparer au combat ; toutes les personnes qui n'étaient pas entraînées ont été envoyées plus au sud. Durant cette période qui a duré environ quarante-cinq jours, mon supérieur étant en vacances, j'étais l'officier le plus haut gradé. Je rendais compte à l'Australie et j'assurais également ma mission de renseignement sur place. J'étais épuisé !

Peux-tu nous parler de ton héritage militaire ? Est-ce à cause de lui que tu as rejoint l'armée ?

Mon arrière-grand-père paternel, Granville Ryrie, a fait la guerre des Boers et la Première Guerre mondiale. C'est un personnage australien célèbre qui a eu une vie incroyable. Quand la guerre des Boers a éclaté, il gérait la ferme familiale où j'ai moi-même grandi, à Michelago. Il a levé une milice dans le village pour aller combattre en Afrique du Sud, et a même été blessé ! En revenant en Australie, il est entré en politique et a été élu député pour le nord de Sydney. Il était aussi champion de boxe amateur de Nouvelle-Galles du Sud… Quand la Première Guerre mondiale a éclaté, il avait 55 ans. C'est très vieux pour servir au combat, mais comme il expliqua dans son discours au Parlement, il estima qu'il ne pouvait garder bonne conscience en envoyant des gens à la guerre pendant qu'il restait assis. Il a donc délaissé son mandat pour aller se battre, et sa circonscription s'est cotisée pour lui payer son cheval, Plain Bill. Avec lui, il a conduit une brigade de cavalerie à travers la Palestine et s'est forgé une réputation de soldat hors pair : il y a même une chanson à son sujet ! Il avait l'habitude de passer plus de temps avec ses hommes qu'avec les officiers. Après la guerre, il est devenu haut-commissaire au Royaume-Uni, donc une vie bien remplie.

Du côté de ma mère également, mon arrière-grand-père était dans l'armée. C'était un lieutenant-colonel qui a d'ailleurs servi sous Granville Ryrie ! Son fils, Thomas Joseph Daly, mon grand-père, a servi de 1930 à 1971 et a terminé sa carrière comme lieutenant général, chef de l'armée. Il a toujours exercé une influence importante sur ma vie, même s'il ne m'a jamais parlé des guerres qu'il a faites : Seconde Guerre mondiale, Corée, Viêt Nam.

Cet héritage militaire a eu un impact, mais pas de manière directe. Je n'ai pas connu mes arrière-grands-parents et j'ai dû faire mes propres recherches sur Granville Ryrie ; la différence de nos expériences me rend un peu nostalgique. À son époque, la vie militaire était beaucoup plus aventureuse, tandis que pour ma part j'ai souvent eu l'impression de rejoindre une bureaucratie géante. Il suffit de regarder les livres blancs et les stratégies de la défense australienne, laissées en ruines pendant les vingt dernières années, et que l'on tente aujourd'hui de reconstruire rapidement pour faire face aux menaces régionales. Quand je faisais mon entraînement militaire, on nous enseignait comment nous battre comme pendant la guerre du Viêt Nam.

De tous les côtés, le mythe de l'Anzac et du *mateship* coule dans tes veines !

Apparemment ! C'est vrai que Granville Ryrie est un peu l'archétype du héros de l'Anzac : être l'égal de ses hommes et donner l'exemple, converser avec eux, s'immerger dans leur vie puis se mettre à leur place… C'est aussi ce que j'ai appris à l'armée : les concepts de service altruiste (*selfless service*) et de commandement serviteur (*servant leadership*) sont essentiels. L'idée que tu n'es qu'un serviteur des soldats que tu commandes est instillée dès le premier jour. Par exemple, les officiers australiens sont les derniers à manger, après les sous-officiers. C'est l'opposé de se croire important simplement parce qu'on a atteint un certain rang, avec des avantages, et qu'on peut se permettre d'être fainéant en laissant les autres travailler pour nous ! J'ai côtoyé des Anglais lors de mon service, ils sont très différents. Je pense que c'est à cause de leur esprit de classe qui est encore là : « Je suis l'officier, vous, les soldats. »

Dans l'armée nous avons cette expression, « *going Jack* », « être égoïste » ou « jouer perso ». Les gens pensent que pour être militaire il faut être un psychopathe prêt à tuer des gens, mais c'est tout l'inverse : l'armée cherche des gens équilibrés qui ont l'esprit d'équipe. Dans l'armée, dans ta section, dans ton bataillon, tu n'es rien sans les hommes et les femmes à tes côtés. Tes performances individuelles n'ont pas d'importance, l'enjeu est vraiment collectif. C'est pourquoi la culture repose sur l'altruisme, l'esprit d'équipe et le fait de veiller sur ses camarades.

C'est un état d'esprit qui a infiltré la vie civile, notamment à travers l'Anzac Day, le *mateship* et l'égalitarisme, non ?
Beaucoup prennent l'Anzac Day pour une fête patriotique, alors que pour moi c'est plutôt un jour de réflexion personnelle, comme le 11 novembre, *Remembrance Day*. Mais il est vrai que c'est également un moment important pour la naissance de notre nation : l'Australie avec les Anzac faisait son entrée sur la scène internationale, en allant se battre pour l'Empire britannique au Moyen-Orient, alors qu'elle était encore un siècle auparavant une nation de condamnés au bagne. C'est donc un moment culturel important auquel nous pouvons rattacher notre identité. Et la culture du *mateship* est réelle : il faut réaliser que les bataillons regroupaient des jeunes hommes d'une même ville ou d'une même région. Donc combattre aux côtés de ses *mates* est à prendre au sens littéral, c'étaient leurs amis, leurs voisins, les copains avec qui ils avaient grandi ! Cela créait aussi une pression sociale, car si tu n'y allais pas, tu étais perçu comme un couard. À l'époque, les gens s'engageaient aussi pour vivre une aventure ; c'était un moyen de partir découvrir le vaste monde.

C'est vrai que cet esprit se retrouve dans les sports : rugby, cricket, etc. Dans la culture australienne, pratiquer des sports d'équipe est encouragé : si tu fais du sport seul, les gens vont te regarder bizarrement. On ne célèbre pas les individualités mais les collectifs, même si les réseaux sociaux sont en train de changer la donne. Le *mateship* australien, c'est avant tout cela : être un bon copain, fiable, loyal, honnête et faire passer tes amis avant toi.

Pour autant, je ne dirais pas que nous sommes une société sans classes. Par exemple, le système scolaire est divisé entre écoles publiques, indépendantes et privées, qui coûtent jusqu'à 40 000 dollars par an. En général, les gens s'entourent de personnes ayant fréquenté la même école, ou une autre du même niveau. Il existe clairement un système de classes dans ce domaine ! Cependant, il est vrai que l'égalitarisme se reflète dans nos systèmes de gouvernance, comme en témoigne notre droit du travail. Avec le salaire minimum, tu gagnes assez pour vivre, contrairement aux États-Unis. Si tu es très motivé et discipliné, tu peux monter dans l'échelle sociale. Par exemple, j'ai une amie dont les parents ont immigré ici depuis la Lettonie. Ils étaient dentistes, et ont dû repasser leurs qualifications pendant qu'ils faisaient des métiers manuels comme ouvrier d'usine et agent d'entretien. Une fois leur nouveau diplôme en poche, ils ont ouvert leur cabinet et sont aujourd'hui très riches. Tu peux commencer tout en bas de l'échelle et t'enrichir en une génération. Cela exige des sacrifices et beaucoup de boulot, mais c'est possible. D'après mon expérience, les immigrés sont souvent les plus déterminés à travailler dur afin de s'élever socialement.

C'est d'ailleurs la meilleure chose à propos de l'armée : c'est un *melting pot*. En tant que chef de section, j'avais des soldats de toutes origines : aborigène, sierra-léonaise, samoane, tongane, des îles Cook, polonaise. Et de toutes classes sociales aussi ! Certains venaient de milieux ouvriers, d'autres fuyaient la police. Voir des démographies si différentes travailler ensemble, c'est ce qui m'a le plus marqué. Le champ de bataille est une méritocratie absolue, seules tes actions importent. Ton ethnicité, ta religion, ton compte en banque, tout ça n'a pas d'importance. L'entraînement militaire te met à nu, il arrache tout ce qui est superficiel pour ne laisser que le plus profond : ce que tu as à offrir à l'équipe et si tu peux travailler avec elle.

S*HE'LL BE RIGHT* : TRAVAILLER DANS LES MINES

La culture australienne du *mateship* est majoritairement masculine, centrée autour des moments passés à boire des coups au pub entre *blokes* (gars), qu'ils soient soldats ou travailleurs. Parmi eux, le mot *diggers* désignait à l'origine les mineurs, avant que ce terme ne fasse référence aux soldats creusant les tranchées pendant la Première Guerre mondiale. La mine est une industrie historique en Australie en vertu du riche sous-sol de cette dernière, depuis la ruée vers l'or du milieu du XIXe siècle jusqu'à aujourd'hui. Elle représente près de 15 % du PIB et 60 % des exportations australiennes. Or, elle emploie de plus en plus de femmes, et parmi elles **Stephanie Graskoski**, une ancienne collègue de travail, qui est aussi impliquée dans la lutte pour l'égalité des sexes et la cause LGBTQIA+.

Comment es-tu arrivée dans l'industrie minière ?

Vivant en Australie-Occidentale, connue pour ses mines de fer et d'or, ça m'a paru une industrie intéressante pour y faire un stage pendant mes études d'ingénieur. Une fois dans ma première mine, j'ai vraiment apprécié la camaraderie et le travail d'équipe. Dix ans plus tard, j'aime toujours autant ça ! Ce secteur n'est pas parfait et il a besoin de s'améliorer, mais j'ai l'espoir que les choses changent. Ce qu'on en voit dans les médias, le harcèlement sexuel, par exemple, est affreux et il ne faut pas le minimiser. Mais c'est comme tous les problèmes de société : quand ils existent dans la vie quotidienne, ils sont présents dans la plupart des métiers, et en particulier ceux très masculins. Et il ne faut pas perdre de vue les bons aspects : il y a des gens qui passent un an ou deux de leur vie à conduire un camion dans les mines pour accéder à une stabilité financière, avant de retourner à un rythme de vie plus typique. Pour cela, c'est une industrie qui est un excellent marchepied.

C'est également un secteur qui a historiquement contribué à la prospérité de l'Australie. Nos compétences minières sont parmi les meilleures au monde, et nous détenons la plus grande production de minerai de fer. Ce domaine m'a offert une carrière professionnelle reconnue. J'ai travaillé dur, mais j'en ai récolté les bénéfices !

Qu'est-ce qui aurait besoin de changer ?

Il y a du chemin à faire en matière de parité. Les changements récents comme les quotas ont rebuté les hommes. C'est frustrant que des femmes qualifiées, en arrivant à des postes qu'elles auraient dû avoir il y a longtemps, reçoivent des commentaires condescendants comme « Tu l'as eu car tu es une fille. »

Personnellement, j'ai travaillé dur pour asseoir ma crédibilité. En tant qu'ingénieur, pour devenir superviseur d'une mine, qu'elle soit souterraine ou à ciel ouvert, il faut non seulement avoir un diplôme universitaire, mais aussi avoir occupé plusieurs des principaux postes opérationnels de la mine. Par exemple, pour une mine souterraine, il faut avoir fait six mois de forage, six mois d'explosifs, etc.

Il y a typiquement deux manières de faire : auprès d'un sous-traitant, et tu fais au minimum deux ans de travail physique ; ou directement bien auprès d'un grand groupe minier, comme Rio Tinto ou BHP, et là c'est un an de travail opérationnel. Mais dans les deux cas, il est impératif de passer cinq ans sur site et avoir de l'expérience en tant qu'ingénieur pour devenir manager.

J'ai choisi la voie considérée comme la plus dure, auprès d'un sous-traitant dans une mine souterraine. C'est une industrie très tendue : les marges sont plus faibles qu'ailleurs, et les bonus sont basés sur la performance. Il faut être astucieux et constamment réfléchir à sa productivité et son efficience.

Comment c'était ?

Les conditions sont éprouvantes : entre 500 et 1 000 mètres sous terre, dans une chaleur intense, entouré de machines, et cela pendant plus de douze heures. Je crois que je n'ai jamais autant dit de grossièretés que pendant que je travaillais là ! Le poste des explosifs est l'un des plus exigeants : il faut enchaîner les tâches, remplir les trous d'explosifs, les fixer, s'assurer que tous les mineurs sont sortis, tout barricader, puis enfin déclencher la mise à feu. Ça requiert beaucoup d'organisation et de communication avec les autres équipes. C'est un travail très physique, au rythme brutal : en général une semaine sur site et une ou deux semaines de pause. Il y a aussi les services de jour ou de nuit qui peuvent déboussoler ton rythme circadien.

Tu as cité l'importance de la camaraderie dans l'industrie. Peux-tu nous en dire plus ?

Beaucoup ressentent une fierté à appartenir au secteur minier, qui est un pilier de l'économie australienne, en particulier à Perth, où un tiers de la population y travaille directement ou indirectement. Moi, ce qui m'a conquise, c'est plutôt l'esprit d'équipe. Tout le monde doit apprendre à travailler ensemble pour faire le boulot. Le foreur par exemple est en général le plus expérimenté, mais si l'équipe est en retard et qu'il a fini son travail, il rangera ses outils et viendra aider avec les explosifs pour ouvrir le prochain tunnel avant la fin du service.

L'autre aspect marquant est d'apprendre constamment les uns des autres. À l'époque, en tant que jeune ingénieure, je ne rentrais pas vraiment dans les cases. Mais j'ai eu la chance d'avoir des collègues qui m'ont prise sous leur aile et qui me disaient en rigolant « Je vais bien te former, car un jour tu seras ma supérieure ! » Ils respectaient ma volonté de travailler aussi dur qu'eux en souterrain et semblaient éprouver une réelle satisfaction à transmettre leurs compétences.

Avec un tel rythme de travail, ton équipe devient une deuxième famille : tu travailles avec elle, tu dînes avec elle, tu vas au pub avec elle, tu fais du sport avec elle… Je suis toujours très proche de certaines personnes avec qui j'ai travaillé. Et surtout, j'ai rencontré des personnes que je n'aurais jamais croisées alors. Où aurais-je pu côtoyer un quadragénaire qui n'est jamais allé à l'université sinon dans une mine ? C'est fascinant de rencontrer des personnes d'horizons si différents et d'écouter leurs histoires.

Tu es également homosexuelle…

Je n'ai découvert ma sexualité que tardivement. Au début de ma carrière dans les mines, je la gardais pour moi. C'était un stigmate de plus à ajouter à mon parcours : j'étais déjà une femme, ingénieure… je ne voulais pas d'une étiquette supplémentaire ! Lors d'une pause dans ma carrière minière, j'ai rejoint la boîte de conseil Ernst & Young, un environnement très progressiste où j'ai finalement pu faire mon *coming out*. C'était libérateur de pouvoir en parler. Quand je suis retournée dans l'industrie minière, je craignais les réactions. Mais peu de temps après avoir commencé à travailler dans la mine, un collègue m'a demandé le plus naturellement du monde : « Alors ? Tu as un monsieur ou une madame ? » J'étais très surprise !

Cela dit, dans l'industrie, j'ai l'impression que c'est plus simple d'être une femme homosexuelle qu'un homme gay. Par exemple, les douches pour femmes ont des cabines individuelles, tandis que celles des hommes sont généralement communes. Mes collègues homosexuels me confiaient souvent avoir entendu des propos odieux sur la communauté LGBTQIA+ et ne pas se sentir à l'aise d'être *out* au travail.

As-tu vécu d'autres moments difficiles par rapport à ton homosexualité ?

Perth ne me semble pas aussi progressiste que Melbourne ou Sydney. Quand je viens à Sydney, je vois des couples homosexuels marcher main dans la main dans la rue, mais à Perth, presque jamais ! J'ai parfois l'impression qu'un exode gay vers Melbourne et Sydney existe, car beaucoup cherchent un environnement plus ouvert et inclusif, qu'ils ne trouvent pas forcément à Perth.

Ma famille est d'origine macédonienne et très traditionnelle. Petite, j'entendais souvent des mots désobligeants envers les personnes homosexuelles, donc je pensais que c'était quelque chose de honteux. Ma mère en particulier a eu beaucoup de mal à accepter ma sexualité, car cela remettait en cause ses valeurs et sa culture. Dans un premier temps, quand je lui ai révélé mon homosexualité, le rejet que j'ai subi et la tristesse que j'ai ressentie m'ont rendue hésitante à en parler aux autres. Alors que j'ai vu d'autres personnes être beaucoup plus à l'aise grâce au soutien total de leur famille. Cependant, ce que je trouve intéressant, c'est le changement d'attitude de ma famille depuis qu'un des leurs fait partie d'une minorité. J'imagine qu'avoir une relation amoureuse stable rend l'acceptation et la tolérance plus naturelles.

Et tu es aussi une activiste, n'est-ce pas ?

J'ai cofondé Pride Professionals, un programme de mentorat pour les personnes LGBTQIA+ dans le monde du travail, dont les profits vont à des associations caritatives. Le programme aide les jeunes à créer une communauté professionnelle dès le début de leur carrière et à faire évoluer les mentalités. Les mentors, en particulier, prennent conscience des difficultés rencontrées par leurs mentorés et, en retour, peuvent influencer les changements au sein de leur entreprise.

Je fais également partie du programme pour les femmes dans l'industrie minière d'Australie-Occidentale, cette fois-ci comme mentor – ce qui est très excitant ! C'est une autre manière pour moi de rendre ce que d'autres m'ont donné et de contribuer à accroître le savoir de la communauté. L'un de mes objectifs est d'être un leader visible pour inspirer les autres et aider à faire bouger les choses dans le bon sens. Par le passé, l'attitude générale était plutôt « oui c'est dur, mais c'est comme ça, endurcis-toi », alors que les femmes peuvent apporter un peu de compassion et de douceur, ce qui est l'un des avantages de la féminisation.

T*RUE BLUE* : CHANTER L'AUSTRALIE

John Williamson est le poète de l'Australie, et elle le lui rend bien. En cinquante ans de carrière, il a sorti plus de cinquante albums qui se sont écoulés à plus de cinq millions d'exemplaires, a reçu plusieurs dizaines de prix et a été nommé membre honoraire de l'Ordre d'Australie. Et pour cause : ses chansons parlent de son pays et de ses habitants, comme son hit *True Blue* (pour l'expression « *True Blue Aussie* », qui signifie être un Australien authentique ou sincère), ou la moins connue mais tout aussi émouvante *The Shed*, où il explique que tous les garçons australiens ont besoin d'un coin où se retirer pour fabriquer des choses avec leurs mains… Sa fidélité à l'Australie l'amène à démissionner de son mandat de président de l'association australienne de musique country en 2013 pour protester contre l'influence américaine. Je le retrouve dans son bureau à Sydney pour discuter avec lui de sa carrière et de sa vision de son pays.

Comment en êtes-vous arrivé à la musique country ?

Je me suis toujours considéré comme un chanteur folk mais on m'a classé dans le genre country, ce qui m'irait bien si ça n'incluait pas toutes les productions américaines ! Mes chansons parlent de mon pays, mais ne sont pas forcément country au sens musical du terme.

Je suis né dans une ferme, et j'étais agriculteur avant d'écrire ma première chanson. Le *Mallee Boy*, le garçon du Mallee, c'est moi ! Mes parents chantaient tous les deux, et dès qu'il y avait besoin de lever des fonds pour une cause ou pour une autre, un concert était organisé. Papa jouait aussi du banjo dans un groupe local, j'ai hérité de son sens du rythme. Ma mère quant à elle écrivait de petits poèmes.

Jeune adulte, j'allais jouer dans les pubs en l'échange d'un dîner. Nous avions alors quitté le Mallee du Victoria pour notre propriété au nord de Moree, en Nouvelle-Galles du Sud, où les plaines attirent les émeus. C'est comme ça que m'est venue l'idée de ma première chanson, *Old Man Emu*, que j'ai jouée au pub. J'ai dû la chanter trois fois de suite, ce qui était une première et n'est plus jamais arrivé ensuite dans ma carrière. Donc je suis allé la chanter à la télé, à Melbourne, à l'émission *New faces*. J'ai gagné, et la chanson est devenue un tube. Elle était numéro un pendant plusieurs semaines, et c'est toujours l'une de mes chansons les plus populaires.

Et ensuite ?

Je n'ai pas sorti de tubes pendant seize ans, jusqu'à l'album *Mallee Boy*, qui est triple disque de platine. Je chantais dans les boîtes de nuit. Il fallait jouer des chansons connues et moi je n'avais qu'*Old Man Emu !* Les gens attendaient toute la soirée pour entendre le seul tube que j'avais… Je faisais des medleys de Roger Miller et de Johnny Cash, ainsi que des vieilles chansons folks australiennes comme *The Ryebuck Shearer*, et des chansons rigolotes comme *The Pitt Street Farmer*. J'ai ensuite compris que les bons groupes de rock tournaient dans les pubs, attirant de plus en plus de public, c'est pourquoi j'y suis retourné. Je jouais dans trois ou quatre établissements par semaine. Une fois que je me suis fait un nom, je suis retourné dans les boîtes de nuit avec un groupe que j'avais recruté et j'ai joué mes propres chansons. L'un de mes premiers musiciens était Tommy Emmanuel, un guitariste exceptionnel qui vient d'ailleurs de gagner un Grammy. De fil en aiguille, j'en suis arrivé aux salles de concert. Maintenant, quand les gens viennent me voir, c'est pour le concert, pas pour jouer aux machines à sous et boire de la bière.

Pendant une époque je faisais 120 concerts par an, maintenant c'est plutôt 40, mais dans de grandes salles de concert. Faire communier deux mille personnes autour d'un feu de camp (j'en ai un faux sur scène), c'est une sensation incroyable !

Vous chantez beaucoup sur le *bush*, l'*outback*...

J'ai découvert mon sujet de prédilection, l'*outback*, lors de mon premier grand voyage à travers l'Australie centrale. C'était un exercice d'écriture, et j'ai beaucoup écrit, notamment *Raining on the The Rock* et *Coober Peedy*. Ce fut aussi ma première rencontre avec Uluru, ce rocher sacré au centre du pays.

Mon plus grand avantage est que je connais la terre, car je suis né à la campagne. Petit, j'adorais les oiseaux et je collectionnais leurs œufs. Ça m'a appris à reconnaître leur habitat, et je suis tombé amoureux des arbres eux-mêmes. Quand de grandes et vieilles forêts sont coupées, cela m'affecte beaucoup, surtout si c'est pour en faire des copeaux de bois ! C'est de là qu'est venue ma chanson *Rip Rip Woodchip* contre l'exploitation forestière. Je me définis comme un défenseur de l'environnement. Récemment, la société de conservation marine australienne m'a contacté pour que j'écrive un livre pour enfants. J'en ai fait une chanson où je parle comme si j'étais l'océan. Je suis très fier de ce livre. La terre m'inspire beaucoup pour mes chansons. Lorsque nous avons déménagé en Nouvelle-Galles du Sud, la première année a été marquée par la pire sécheresse que nous n'ayons jamais connue, ce qui m'a inspiré des morceaux comme *Galleries of Pink Galahs*.

Beaucoup d'Australiens ont une vraie relation avec le *bush*. Ma chanson *A Bushman can't survive* parle d'un homme du *bush* qui ne peut pas survivre en ville. C'est un peu moi, aussi ! Même si je profite de cette ville fantastique qu'est Sydney, je ne me sens pas vraiment chez moi ici. Si tu vis en ville et que tu ne t'intéresses pas au *bush*, tu n'as aucune idée de sa diversité. Il y a tant d'environnements différents – je crois que les Aborigènes en dénombraient soixante-dix-sept au moins. Voilà pourquoi je suis aussi bouleversé quand on défriche, car qui sait si l'on n'est pas en train de tuer les derniers écosystèmes, vivant là et nulle part ailleurs ?

Des environnements différents créent des caractères différents, et je peux deviner quand quelqu'un vient d'Australie-Méridionale ou du Queensland rien qu'en l'entendant parler : l'accent, l'attitude… Par exemple, là où l'on extrait l'opale, c'est un pays très particulier, j'en parle dans ma chanson *At Lightning Ridge*. Les gens sont solitaires et vivent dans des abris en tôle car ils n'ont pas le droit de construire de structures permanentes à cause des galeries souterraines. Et si tu t'approches de leur mine, ils surgissent de leur trou de manière très agressive !

Qu'est-ce qui vous inspire aujourd'hui pour écrire ?

Les événements nationaux, des choses qui ont du sens pour tout le monde. Par exemple, durant le Covid, j'ai écrit deux chansons, *Come Back to Me, Country* et *The Great Divide*, sur l'expérience de ne pas pouvoir se déplacer dans le pays. Cette restriction de liberté était absolument nouvelle ici, car il n'y a pas de frontières en Australie, juste des États ! Les frontières nous séparent. J'ai ensuite écrit deux chansons sur les inondations, sur le fait d'attendre que le soleil brille… Dernièrement, j'ai écrit *Uluru Forever*, car la campagne pour la Voix indigène au Parlement a vraiment mis l'accent sur Uluru comme étant le cœur de l'Australie.

Comment expliquez-vous le succès de votre carrière ?
Je suis un bon auteur-compositeur, je sais raconter des histoires. Je me définis comme un amuseur (*entertainer*) avant tout. Je bâtis mon spectacle comme une comédie musicale : je commence avec *Mallee Boy*, puis *Dear Little Quambatok*, qui parle de l'expérience de grandir dans une toute petite ville. Puis j'en viens à ma découverte de l'*outback*, l'intérieur rouge de l'Australie, je chante *Ancient Mountains* et *Three Sons*. Un concert doit avoir un rythme. S'il y a une chanson triste, ensuite il faut alléger l'atmosphère, et vice-versa. Il faut garder les gens intéressés par ce qui va se passer ensuite ! J'adore quand j'arrive à faire rire les gens, mais les chansons drôles comme *Old Farts in Caravan Parks* ou *Kitchy Kitchy Koo* s'usent, comme toutes les bonnes blagues. Alors que les chansons tristes, comme *Cootamundra Wattle* ou *Wrinkles*, qui est inspirée de mon grand-père, sont impérissables.

Les meilleures histoires sont les histoires vraies. Par exemple *The Prettiest Girl in the Kimberley* est une chanson inspirée par l'histoire de deux jeunes hommes qui sont allés travailler dans une énorme ferme au nord-ouest de l'Australie, appelée Argyle Downs. Les seules filles là-bas étaient des Aborigènes qui n'avaient pas le droit de se mélanger avec des Blancs. À l'époque, les policiers avaient l'habitude d'attacher les hommes à des baobabs pour les punir. Mais des années plus tard, l'un des jeunes a réussi à faire changer la loi et a épousé une fille aborigène, « la plus jolie fille du massif Kimberley ».

Ma chanson *Cydi* est également très populaire et s'inspire de plusieurs événements réels. Le frère de ma première femme avait un fils qu'il appelait « *side-kick* », dont le surnom était « Sidie ». J'ai adapté cette histoire au féminin, inspiré par une femme qui a repris la ferme lorsque ses deux frères sont partis à la guerre et n'en sont pas revenus. Et enfin un homme qui avait une ferme de bétail dans le nord. Il n'avait qu'une fille qui le suivait partout et qui a ensuite fait une école d'agriculture. J'ai mis tout ça ensemble pour créer le personnage de la chanson. J'y parle même d'elle qui joue au *footy*, le football australien, car quand j'étais enfant, il y avait des garçons manqués qui n'avaient pas le droit de jouer, et je me sentais tellement désolé pour elles. J'ai écrit cette chanson avant que toutes les équipes féminines de football australien ne soient créées, j'en suis assez fier. Et il y a maintenant des Cydis partout en Australie, j'ai créé un nouveau prénom féminin australien !

Vous êtes le chanteur de l'Australie…

Je suis effectivement ce qu'on appelle un « *one-eyed Australian* », c'est-à-dire quelqu'un de très partial, qui ne voit l'Australie que d'un œil et ferme l'autre pour ne pas voir les mauvais côtés ! Toute ma vie, ma croisade personnelle a été de faire en sorte que les Australiens écoutent de la musique australienne. Ma chanson *True Blue* est aussi une chanson très australienne. Au début les gens ont cru que je forçais mon accent mais ce n'était pas le cas. Ils n'étaient simplement pas habitués à entendre un Australien chanter avec sa propre voix. Le fait que je sois complet partout est la preuve que ça marche : les gens veulent écouter de la musique sur qui ils sont. Par exemple, les Queenslanders veulent entendre des chansons sur leur État et adorent *Hang My Hat in Queensland!*

Mais j'ai aussi du public à l'étranger, en général des gens qui sont venus ici et ont entendu ma musique dans un bus en traversant l'*outback*, alors ils achètent un CD en souvenir. Il y a aussi des Australiens vivant à l'étranger qui écoutent ma musique, car ça leur rappelle leur pays. J'ai de nombreux fans dans les forces armées qui viennent à mes concerts en grands groupes.

CHAPITRE III

LA TERRE AUSTRALIENNE, ENTRE FONDATION ET DISPARITION

Lorsque l'on pense à l'Australie, ce sont d'abord les grands espaces qui nous viennent en tête : le désert de l'*outback*, l'imposant rocher sacré Uluru, les longues plages paradisiaques de la côte, la grande barrière de corail… Le territoire australien, dont la superficie représente près de quinze fois celle de la France, est un élément central de l'identité de l'île-continent, tant pour ses habitants que pour le reste du monde. C'est sa faune unique qui figure sur ses armoiries et ses pièces de monnaie, sa terre abondante qui domine son hymne, *Advance Australia Fair*, et la constellation de la Croix du Sud que l'on retrouve sur son drapeau. *Down under* : en deux mots, c'est l'Australie que l'on place sur le globe, en bas à droite.

Séparées du supercontinent Gondwana il y a quarante-cinq millions d'années, la faune et la flore australiennes ont évolué à l'écart du reste du monde. Ceci explique la présence d'espèces que l'on ne trouve nulle part ailleurs, comme les monotrèmes (mammifères qui pondent des œufs) et les marsupiaux – ainsi la vigilance extrême de l'Australie en matière de biosécurité pour lutter contre les espèces invasives, malgré quelques erreurs. Les crapauds-buffles (*cane toads*) par exemple ont été sciemment introduits en 1935 pour lutter contre des scarabées envahissants dans les plantations de canne à sucre. Depuis, étant toxiques pour les espèces animales endémiques et ayant conquis la moitié nord du continent, ils sont eux-mêmes considérés comme une espèce invasive que l'on cherche maintenant à contrôler par tous les moyens.

L'environnement naturel est donc un véritable marqueur de la société australienne, jusqu'à en dicter les couleurs nationales : le vert des forêts et l'or de l'acacia doré, du sable, des céréales, de la laine et des mines. Cet attachement de la population à l'environnement en fait un point commun avec les cultures aborigènes, pour lesquelles la terre est fondamentale. C'est *Country* : la terre, l'air, l'eau, les espèces vivantes et les éléments naturels que les cultures européennes considèrent inanimés comme les rochers ou le sable. Tout part de *Country* et tout y revient: le *Dreaming* raconte sa création par les êtres ancestraux, dont les connaissances et les règles écologiques sont transmises au fil des générations *via* les chansons, les histoires et les cérémonies rituelles. *Country* est ce à quoi nous appartenons en tant qu'êtres humains et ce dont nous avons le devoir de prendre soin. Par exemple, les cultures indigènes utilisent le *firestick farming*, qui consiste à brûler à basse température des écosystèmes précis selon les saisons et les conditions de température et d'humidité afin d'assurer leur repousse (garante de nourriture et de refuge pour les animaux et les hommes). Cette technique permet également la diminution du combustible, qui en s'accumulant pourrait risquer de mener à des feux de brousse, bien plus chauds et dévastateurs.

Cependant, l'image d'une Australie sauvage et intacte ne correspond pas à la réalité quotidienne de ses habitants. Le pays est en effet l'un des plus urbanisés au monde depuis plusieurs décennies. Dès 1954, la majorité des Australiens vivaient déjà dans les grandes villes, un chiffre qui atteint aujourd'hui 90 %. La fascination pour le grand air et le sauvage est une construction principalement citadine. La nature semble d'autant plus romantique lorsqu'on n'a pas à en affronter les éléments au quotidien, contrairement aux pionniers qui ont dû les braver pour «domestiquer» le *bush*, la broussaille.

Car l'Australie est aussi la terre de tous les dangers. Outre les nombreux animaux potentiellement mortels que les touristes aiment lister, les conditions météorologiques sont loin d'être clémentes, entre sécheresses, incendies et inondations, aggravées par le changement climatique. Les feux de brousse de 2019-2020 qui ont fait la une des journaux tout autour du monde ont brûlé 20 % des forêts australiennes (19 millions d'hectares), détruit 3000 maisons, et causé la mort de

33 personnes ainsi que plus d'un milliard d'animaux sauvages. En février et mars 2022, la côte nord de la Nouvelle-Galles du Sud et le sud du Queensland ont connu les plus grandes inondations de l'histoire australienne moderne.

L'image d'une terre sauvage à conquérir a cédé la place à celle d'un environnement menacé par l'activité humaine, notamment par la déforestation et l'urbanisation, qui mettent en péril l'habitat de nombreuses espèces menacées d'extinction, dont les koalas. La vision aborigène d'une terre nourricière, à laquelle il faut rendre en retour, pourrait redéfinir la relation des Australiens à leur sol, particulièrement en agriculture. Les cultures indigènes ont en effet développé une connaissance approfondie des cycles vitaux des écosystèmes. Qu'ils soient historiques, vitaux, dangereux ou bénéfiques, ce sont justement ces liens entre les hommes et la terre qui les accueille que nous examinerons dans ce chapitre.

REMONTER AUX RACINES DE L'AUSTRALIE : LE *BUSH*

Le concept de « *bush* », désignant l'arrière-pays rural (forêt, désert ou *outback*) par opposition à la ville, a été défini au début du XXe siècle par des écrivains comme Henry Lawson et Banjo Paterson. En un sens, le *bush* incarne l'essence historique et mythique de la nation australienne. L'homme du *bush* reflète l'idéal australien : endurant face aux défis de la nature, ingénieux pour survivre et solidaire envers ses compagnons, ses *mates*. Mais l'histoire du *bush* est aussi celle de la destruction de la végétation antérieure pour obtenir des terres arables, et de l'anéantissement des tribus indigènes. Outre l'impact des maladies, comme l'épidémie de variole qui a décimé la majorité de la population aborigène à Sydney en 1789, on dénombre près de trois cents massacres en un siècle et demi selon *The Killing Times*, un rapport spécial du *Guardian Australia* en partenariat avec l'université de Newcastle. Ce chiffre reste une limite basse, et ces tueries s'accompagnent aussi de la destruction des artefacts et des constructions aborigènes par les pionniers. *The Bush*, essai magistral sur le *bush* historique et imaginaire de l'Australie écrit par **Don Watson**, explore ces paradoxes. Don a eu plusieurs vies : ayant démarré sa carrière comme historien dans le milieu académique, il est ensuite devenu écrivain pour l'industrie télévisuelle et le cinéma, avant de devenir le conseiller et la plume du Premier Ministre travailliste Paul Keating dans les années 1990. Aujourd'hui, Don publie des ouvrages mêlant recherches historiques, éléments biographiques et analyses. Nous le rencontrons chez lui à Melbourne.

Qu'est-ce que le *bush* ?

Le mythe existe parce que c'est ce qui distingue l'Australie du reste du monde : il n'y a pas de kangourous ailleurs. Quand je travaillais pour Keating, nous avions émis l'idée de changer le drapeau australien, nous voulions enlever l'Union Jack. De nombreux enseignants demandèrent à leurs élèves d'imaginer un nouveau drapeau et envoyèrent ensuite leurs dessins au cabinet du Premier Ministre. Tous représentaient Uluru, la terre rouge, le désert, les eucalyptus. Le *bush* est l'expérience fondatrice de l'Australie, suivie de près par la mer.

Cependant le mythe est en train de disparaître, pour deux raisons. La première est que nous ne célébrons plus les pionniers comme nous le faisions auparavant. Nous ne lisons plus Henry Lawson et Banjo Paterson. Quand j'étais enfant, nous apprenions tous *Pioneers*, ce poème de Frank Hudson : « *We are the Old-world people, Ours were the hearts to bear…* » Mais maintenant, nous célébrons les Aborigènes et enseignons comment les pionniers ont pris leur terre. La deuxième raison est la diminution de l'immigration en provenance de pays anglophones, au profit des pays asiatiques. Or, le *bush* est un mythe anglophone, qui se rapporte à l'Empire britannique et à la blancheur de peau.

D'où vient votre propre relation au *bush* ?

J'ai grandi à la campagne, à une centaine de kilomètres à l'est de Melbourne, une distance considérable dans les années 1950. Ma famille était des «*cow cockies*», de petits éleveurs laitiers. Mais pour mes parents, ce n'était pas le *bush*: ils ne se seraient jamais qualifiés de «*bushies*». Ils vivaient simplement à la campagne. Je connaissais chaque mètre carré de nos terres car, petit, je passais mon temps à tuer des lapins et des renards et à marcher le long des ruisseaux... Mais j'ai toujours voulu quitter ce pays de vaches, alors je suis allé à l'université grâce aux subventions publiques et j'ai eu une carrière universitaire, puis comme écrivain à côtoyer politiques et activistes. J'ai toujours aimé le *bush* –y camper, randonner, conduire– mais je ne me considérais pas comme un homme de la campagne. Cependant ce livre m'a fait réaliser que si, j'avais le *bush* dans le sang.

En quel sens ?

Vers la cinquantaine, j'ai ressenti un désir irrésistible de retourner à la campagne, pour l'espace et l'air pur. J'ai donc acheté une maison près du mont Macedon, et ce furent les plus belles années de ma vie. Pourtant, je me sentais presque coupable de vivre là, entouré d'eucalyptus et des plantes rares de mon jardin. C'est à cet endroit que j'ai entrepris d'écrire mon livre... ou plutôt essayé. Face au syndrome de la page blanche, j'ai consulté une psy, qui m'a amené à me demander si, au fond, je n'en avais pas voulu à mon frère d'avoir hérité de la ferme familiale. Je n'avais aucune envie d'être agriculteur, mais la ferme faisait apparemment partie de moi. C'est une leçon sur la manière dont la terre peut, en réalité, vous posséder.

Surtout, *The Bush* m'a permis de réfléchir aux expériences de destruction et de dépossession qui sont à l'origine du *bush* et de ma vie. Toute ma famille est dans l'agriculture. Du côté de ma mère, c'étaient des pionniers, ils défrichaient ces magnifiques et anciennes forêts pour en faire des pâturages. En Australie, près de 90 % de cette forêt a été détruite.

Et il y a la question aborigène, bien sûr. J'ai grandi en pensant qu'il n'y avait pas de clans aborigènes autour de chez nous mais, en écrivant le livre, j'ai parlé à des personnes qui avaient retrouvé des lances, des boucliers et des monticules de coquillages près des cours d'eau. Donc ils étaient bien là, mais évidemment personne ne nous en a jamais parlé. À son retour de la Première Guerre mondiale, mon grand-père paternel, en tant qu'ancien combattant sur les champs de bataille français, a bénéficié de 40 hectares, prélevés sur une réserve aborigène. Ma famille a malheureusement tiré profit de ces destructions et dépossessions.

Le livre traite de tout cela : la destruction au nom de la création de quelque chose de nouveau, et l'acceptation de cette idée. Il m'est difficile de critiquer mes ancêtres et de les considérer comme des usurpateurs, car, sans aucune malveillance, ils ont simplement fait de leur mieux avec les moyens dont ils disposaient et ont travaillé dur pour élever et éduquer leurs enfants. Ce sont là les contradictions de l'Histoire.

Quel était votre objectif avec ce livre ?

Je voulais défaire le mythe d'un *bush* unique. Les collines de Gippsland, où j'ai grandi, sont très différentes du désert du Mallee… Les climats sont nombreux en Australie et le *bush* varie selon les régions, et pourtant, on parle toujours du *bush* au singulier ! Sans doute par paresse intellectuelle. « Sydney ou le *bush* », disaient les gens. Ou, comme disait Keating, « Si tu ne vis pas à Sydney, tu es juste en train de camper. »

Je voulais que ce livre soit un vrai travail d'historien, qu'il évoque non seulement ce que nous savons mais aussi comment nous le savons. J'ai voyagé à travers le pays pour rencontrer des gens et consulté de nombreuses archives, principalement des journaux intimes de femmes, qui écrivaient de manière beaucoup plus réfléchie que les hommes. La lecture de leurs journaux offre une description assez précise de ce à quoi ressemblait leur vie. Je me souviens du journal d'une femme en Australie-Occidentale, une Britannique arrivée en Australie après la Première Guerre mondiale. Elle disait que le paysage était au départ couvert de boronias et de cycadales aussi loin que l'œil pouvait voir, et qu'il était si triste que tout cela ait disparu et ne revienne jamais. Mais pourquoi ne pas en avoir gardé une parcelle ?

Je voulais aborder tout cela : l'histoire, la mélancolie de la perte et les personnes qui souhaitent endiguer la destruction du *bush*. Il est difficile de ne pas être affecté en conduisant dans le bush et en voyant à quel point il a été dévasté : les pertes massives dues à l'érosion, la baisse de la productivité des sols, l'invasion de mauvaises herbes, les cours d'eau ensablés et un défrichement qui ne cesse de progresser… Avant, le bush était vivant, avec des zones humides dont le sol était autrefois souple et moelleux sous nos pieds. C'est incroyable de voir à quel point un continent peut être complètement ravagé en seulement deux siècles ! Sans oublier la destruction des cultures et des langues aborigènes. Vu sous cet angle, l'histoire australienne n'est pas reluisante – c'est celle du colonialisme de peuplement. C'est une réalité que nous avons toujours du mal à affronter avec honnêteté.

Le *bush*, ou la possession de la terre, est un élément essentiel du sentiment australien, n'est-ce pas ?

En effet, la terre offrait un statut social. Les lettres adressées à mon père mentionnaient « Esquire », un titre de noblesse honorifique. Cela marquait son rang social en tant que propriétaire, même si sa terre était petite et lourdement hypothéquée. Posséder des terres signifiait être indépendant, cela conférait un statut honorable et viril que la classe ouvrière urbaine n'aurait jamais pu avoir, même en gagnant davantage d'argent.

Toutes les chansons folks australiennes parlent de la terre ou d'hommes seuls dans le *bush*, mais jamais d'amour. Et la majorité d'entre elles viennent d'ailleurs. *Waltzing Matilda*, l'hymne officieux de l'Australie, a une mélodie écossaise et des paroles qui sont, il faut bien le dire, complètement tordues. Le *bush* est un endroit rude, qui suscite une certaine peur. Les serpents en sont le parfait exemple : la peur de ceux-ci est profondément ancrée dans la psyché rurale australienne. Le nombre de serpents tués, voilà la seule chose que les hommes notaient dans leurs journaux !

Dans le livre, j'ai écrit sur quatre itinérants du folklore du *bush* : tous avaient été brutalisés par leur père, ou par d'autres hommes. Abusés, ils s'étaient enfuis à treize ou quatorze ans. C'est curieux, n'est-ce pas, ce qui se cache sous la rude masculinité de l'homme australien typique.

Qu'espérez-vous du *bush* à l'avenir ?

L'ironie de la situation ne m'a pas échappé en écrivant ce livre. N'est-il pas ironique que j'aie eu une vie aussi fantastique grâce aux torts que mes ancêtres ont infligés à d'autres ? L'ironie, c'est la réaction par défaut dans ce pays. Mais il faut aller au-delà, il faut agir et le *bush* fera sa part. Il possède des pouvoirs extraordinaires de régénération. C'est un peu naïf, mais si on investissait dans la restauration du *bush* la moitié de l'énergie et de l'argent consacrés à sa destruction, un changement miraculeux pourrait se produire, tant pour la terre que pour les gens.

PROTÉGER L'ENVIRONNEMENT AUSTRALIEN
En 1972 est créé en Tasmanie le premier parti écologiste au monde : le United Tasmanian Group, pour protéger les cours d'eau tasmaniens des barrages hydroélectriques, en réaction à l'inondation du lac Pedder par un barrage la même année. Dix ans plus tard, la campagne pour sauver la rivière Franklin du même sort fut couronnée de succès. Elle fut en partie menée par **Bob Brown**, un médecin passionné par l'environnement, qui croisa la route d'ingénieurs et de géomètres prenant des mesures préliminaires alors qu'il descendait le cours d'eau en raft. Après la victoire du mouvement, dont il était devenu la figure emblématique, Bob a poursuivi son engagement en politique pendant près de trente ans. Directeur du parti vert, élu au parlement tasmanien puis au Sénat fédéral, il prend sa retraite politique en 2011. Figure éminente du mouvement écologiste australien, à 80 ans, Bob se consacre désormais à la fondation qui porte son nom et continue de défendre les forêts primaires et les océans, allant jusqu'à intervenir sur le terrain, ce qui lui vaut d'être régulièrement arrêté. En raison de son emploi du temps chargé, nous le rencontrons *via* Zoom.

D'où vient votre passion pour l'environnement ?
J'ai toujours été fasciné par la nature. Mon enfance à Trunkey Creek était magique : il y avait la maison, un pâturage à côté, puis le *bush*. Ma mère était aussi une écologiste sans le savoir. Un jour, ma sœur jumelle et moi lui avions cueilli des fleurs. Elle nous a répondu : « Je vais les mettre dans un vase, mais vous savez, elles auraient été bien plus belles et auraient duré plus longtemps si vous les aviez laissées là où vous les avez trouvées. »

Prendre soin de la nature est resté une valeur importante pour moi, à la fois pour elle-même et pour ce qu'elle nous apporte, à nous, les humains. Notre espèce s'est artificiellement séparée du monde naturel, mais c'est un leurre : nous sommes totalement dépendants de la biosphère de cette planète. Comme je le disais hier à un public de 700 personnes lors de notre célébration annuelle de la Terre, la planète peut se passer de nous, mais nous ne pouvons pas nous passer d'elle.

Pourquoi vous êtes-vous engagé en faveur de la protection de l'environnement ?

J'ai vu un épisode de l'émission de journalisme d'investigation *Four Corners* consacré au lac Pedder lorsque j'étais encore étudiant en médecine à Sydney. Lorsque j'ai déménagé en Tasmanie en 1972, je me suis rapidement rapproché de la campagne de protection du lac. Les militants étaient profondément bouleversés par la perspective de l'inondation du lac Pedder et venaient de fonder le premier parti vert au monde, le United Tasmanian Group, car les deux partis principaux (travailliste et libéral) soutenaient le barrage hydroélectrique. Le lac fut inondé à la fin de l'année, mais j'ai eu la chance de le survoler avant qu'il ne disparaisse. Cependant, ma plus grande chance fut d'être initié par ces rencontres à une conception écocentrique du monde, au lieu de la vue anthropocentrique dominante. Je suis resté en contact et me suis impliqué, dix ans plus tard, dans la défense de la rivière Franklin afin qu'elle ne subisse pas la même destinée que le lac Pedder.

Comment voyez-vous la relation ambivalente de l'Australie à son environnement ?

Malgré sa relation mythologique avec le *bush* – qui est d'ailleurs en train de disparaître –, il y a peu de pays aussi urbanisés que l'Australie. Près de 80 % de sa population se trouve dans ses huit villes principales. Les gens veulent vivre en ville à cause de toutes les commodités de celle-ci, et les villes continuent de s'étendre au détriment de l'environnement naturel. Une statistique parlante : il est estimé qu'un million d'espèces disparaîtront d'ici la fin du siècle, dont un quart des oiseaux australiens. Nous sommes littéralement dans l'œil du cyclone, mais la réaction de ceux qui vivent en ville est de vouloir davantage, et de voter en conséquence pour des politiques à la botte de capitaines d'industrie qui veulent plus. Nous sommes la plus grande horde de mammifères à avoir jamais pâturé la Terre. Notre intelligence nous permet de comprendre que toute espèce qui surconsomme verra sa population s'effondrer, mais notre réponse collective, complètement absurde, est de paître encore plus vite ! Cela ne peut que mal finir, et c'est manifestement ce qui est en train de se produire. La solution est de partager équitablement les ressources dont nous disposons, en équilibre avec ce que la Terre peut produire. Il faut se serrer la ceinture mais nous ne sommes encore pas disposés à le faire.

Quel est selon vous le principal obstacle à la protection de l'environnement en Australie ?

Il y en a plusieurs. Le premier, qui est partagé globalement, est la politique économique de croissance. C'est le système de croyance fondamental de tous les gouvernements du globe. Et pourtant, nous consommons chaque année l'équivalent des ressources de deux planètes !

Le deuxième est l'inhibition. Je cite souvent le philosophe Bertrand Russell qui a écrit au milieu du siècle dernier que « le problème du monde est que les idiots sont sûrs d'eux alors que les gens intelligents doutent ». Ceux qui réfléchissent ne font pas que douter : ils sont également déprimés. Il suffit d'observer le monde qui nous entoure pour comprendre qu'on ne peut extraire sans fin des ressources qui s'épuisent.

Enfin, le troisième élément est la répression législative contre l'activisme écologique, preuve que ce dernier représente une véritable menace pour l'ordre établi. C'est une tendance mondiale, et ici en Tasmanie, on risque maintenant jusqu'à trois ans de prison pour se tenir devant un arbre afin d'empêcher qu'il ne soit coupé. Un récent amendement législatif, clairement dirigé contre ma fondation, permet de bannir les organisations qui promeuvent l'activisme environnemental. Ces lois viennent des industriels : comme ils ne peuvent pas gagner le débat d'idées, ils tentent d'éliminer le mouvement écologiste en faisant peur à quiconque aurait envie de le rejoindre et en instaurant des peines de prison pour les leaders. Leur argument habituel de la protection des emplois est en train de s'essouffler. En Tasmanie actuellement, 20 à 30 % des emplois sont liés au tourisme et au secteur hôtelier, et moins de 1 % à l'exploitation forestière, mais ce n'est pas l'image qu'en ont les gens.

Comment luttez-vous contre ces obstacles avec votre fondation ?

Je suis heureux d'être à nouveau activiste, car je crois que c'est en motivant la majorité – comme les 80 % d'Australiens qui sont en faveur de la fin de l'exploitation des forêts primaires – que nous arriverons à faire bouger les lignes politiques.

À 80 ans, mon rôle est d'encourager les jeunes gens à devenir actifs pour protéger la nature et je continue d'être moi-même présent sur le terrain. Mon prochain procès aura lieu le 19 mars pour m'être « introduit illégalement », selon la formulation officielle, dans une forêt publique ! Si nous sommes reconnus coupables, le récent amendement pourrait entraîner notre démantèlement.

Mais nous comptons également des victoires juridiques. En 2018, j'ai été arrêté dans la forêt de Lapoinya au nord de la Tasmanie, et inculpé sous la précédente législation anti-manifestations. Lorsque les autorités ont compris que j'étais prêt à contester cette loi jusqu'à la Haute Cour, elles ont abandonné les poursuites. Mais je l'ai quand même fait et les juges ont décidé, à six votes contre un, que de telles lois violaient le droit à la manifestation pacifique inhérent à la Constitution australienne. C'est une avancée essentielle en droit!

Notre prochaine bataille est celle du lobbying. Toutes les industries extractives ont des lobbyistes à Canberra, mais jusqu'à l'an dernier il n'y avait pas un seul lobbyiste environnemental pour faire contrepoids. Nous en avons donc recruté un, mais lutter à armes égales requiert un financement important, et le secteur privé, qui utilise les dons défiscalisés, est très en avance sur nous.

Quel regard portez-vous sur votre ancien parti, les Verts?

Il faut d'abord souligner qu'il n'y a aucun gouvernement vert en Australie. Mais, de mon expérience, le vote écologiste a augmenté là où les Verts ont défendu avec véhémence des réformes pour la protection de l'environnement. Quand j'étais leader des Verts et que l'un des partis principaux avait besoin de nous pour former un gouvernement, autant en Tasmanie en 1989 qu'au niveau fédéral en 2011, j'ai mis dans la balance des réformes environnementales essentielles: protéger la nature tasmanienne et instaurer un système de quotas d'émissions carbone pour que l'Australie ne soit plus le pire pollueur par habitant sur Terre.

En dehors de ces circonstances politiques, c'est très difficile pour les Verts d'exister et de maintenir la focale sur l'environnement – que les médias traitent par ailleurs comme secondaire. Cependant, les Verts australiens ont laissé leur empreinte sur le mouvement écologiste mondial. En 2001, la première conférence écologiste mondiale s'est tenue à Canberra, aboutissant à l'adoption d'une charte fondée sur les quatre piliers des Verts australiens: l'environnement, la justice sociale, la paix et la démocratie.

Nous avons actuellement un gouvernement fédéral travailliste qui autorise chaque jour plus de mines, de fracturation hydraulique et d'abattage de forêts. Face à ce constat, je reste néanmoins confiant car les Verts gagnent en popularité. Ils rassemblent environ 15 % des voix au niveau national et, parmi les électeurs de moins de 35 ans, il y a davantage de voix pour les Verts que pour les libéraux et le Parti national réunis. C'est une tendance qui va se poursuivre à mesure que ces électeurs vieillissent, tout comme celle du fractionnement politique : lors des élections de mai 2022, le vote en faveur des deux principaux partis est tombé à seulement 70 %.

Je suis un Vert convaincu, mais si un jour les Verts cessent de défendre une ligne pro-environnement, cela ne m'inquiète pas car d'autres partis émergeront rapidement pour combler le vide. Le vote populaire se verdit de plus en plus. S'il est vrai que la peur est un moteur essentiel en politique, la plus grande crainte reste celle de ne plus pouvoir vivre en paix avec un certain niveau de bien-être sur cette planète. Et, dans le paysage politique, les Verts sont le parti qui se rapproche le plus d'une solution possible. La question est de savoir : est-ce que ce changement se fera de manière assez rapide ? Il n'y a rien d'autre à faire qu'agir, et rester heureux en cours de route. Je suis toujours inspiré par Emma Goldman, l'activiste socialiste révolutionnaire américaine qui répondait à ses pairs masculins à Chicago il y a un siècle : « Je ne veux pas de votre révolution si je ne peux pas y danser. » Je pense que c'est très important que de rester optimiste. C'est pourquoi nous organisons chaque année une célébration de la Terre, et notre devise est « Ne soyez pas déprimés, agissez ! » car en agissant, on retrouve un sens à la vie.

Une dernière réflexion ?

On me demande tout le temps comment j'ose être optimiste. Ma réponse est de regarder la rivière Franklin, qui coule aujourd'hui librement vers la mer. En 1982, nous venions d'être battus aux élections de Tasmanie, les deux partis principaux soutenaient le barrage, tout comme les journaux, les syndicats et le secteur privé. Quant à l'Église, elle restait silencieuse. Au niveau fédéral, on nous répondait que c'était une affaire d'État ; quant à faire appel devant la Haute Cour, cela nous avait été refusé ; en un mot, la situation était sans issue. Alors nous avons essayé l'action directe, et dix-huit mois plus tard cette rivière fut sauvée car des millions de personnes avaient réagi en voyant les activistes sur le terrain. Tant qu'il y a de la vie, il y a de l'espoir, et cette petite planète est tout ce que nous avons. Nous ne pouvons pas baisser les bras, car personne ne pourra remonter le temps pour effacer les dommages causés. Et sur ce chemin qui vise à freiner la destruction, il ne faut pas oublier de danser.

APPRÉCIER LA NATURE AUSTRALIENNE

Le mythe du *bush* se retrouve dans la passion tout australienne pour la nature et le sauvage, que ce soit à pied ou en 4x4. Quoi de plus australien que d'aller camper entre amis ou en famille pour un long week-end ou les vacances ? Personne n'est mieux placé pour en parler que **Neil Blundy**, qui a passé toute sa vie à arpenter la nature australienne tant et si bien qu'il en a fait son métier. Il est le co-fondateur et propriétaire du magasin de sports de plein air *Bogong* à Melbourne ; son premier magasin, *The Wilderness Shop*, a fermé l'an dernier après quarante-quatre ans d'existence. Son expérience personnelle et professionnelle en fait un personnage idéal pour décrypter les tendances des activités de plein air du pays. C'est d'ailleurs un peu grâce à lui que je suis tombée amoureuse de l'Australie, car c'est son fils qui m'a emmenée pendant les dix dernières années marcher et camper dans les magnifiques recoins du continent. Je retrouve Neil chez lui à Melbourne autour d'un thé.

Comment en êtes-vous venu à la randonnée ?
Lors de ma dernière année de lycée, mon professeur de physique a emmené une quinzaine d'élèves à la péninsule de Wilson, le point le plus au sud du continent australien. J'en faisais partie. Nous avons marché jusqu'au camp, dormi la nuit, et nous sommes revenus le lendemain. C'était la première fois que je faisais de la randonnée itinérante, et j'ai été totalement conquis. Ce même professeur est devenu un client de mon magasin quelques années plus tard !

Cette expérience m'a fait découvrir un nouveau monde, si bien que la première chose que j'ai faite en arrivant à l'université de Melbourne fut de rejoindre le club d'alpinisme. C'était un club très actif à l'époque, avec cinq cents membres répartis dans les sections kayak, escalade, randonnée, spéléologie et protection de l'environnement. Par conséquent, j'ai passé beaucoup de temps à pratiquer l'escalade et à coordonner des contributions pour différents comités parlementaires en faveur de la création de parcs naturels. J'étais aussi très impliqué dans la campagne pour la protection de la rivière Franklin, qui était à l'époque une question environnementale de premier ordre.

Puis j'ai trouvé un emploi en tant que vendeur dans un magasin d'équipement, et peu après j'ai ouvert le mien. Mon unique boussole était de créer le magasin dont je rêvais en tant que client.

Et vous continuez à donner à des associations de protection de la nature ?
Cela fait quarante-sept ans que je suis un donateur de la Wilderness Society, la principale association de conservation de l'environnement en Australie. En tant qu'entreprise, nous sommes constamment sollicités pour soutenir diverses causes. Nous avons donc dû établir une ligne directrice claire : notre engagement prioritaire est la protection de l'environnement. Nous donnons ainsi à Bush Heritage Australia, qui achète des

terres pour en protéger la valeur naturelle intrinsèque, ainsi qu'à la fondation dZi qui soutient des communautés reculées au Népal, car nombre de nos clients y randonnent.

Enfin, nous avons pendant longtemps, et jusqu'à très récemment, soutenu CliffCare, qui est une association de grimpeurs qui prend soin des falaises. Je leur avais octroyé un financement spécifique pour lancer un projet visant à rapprocher les communautés aborigènes et les grimpeurs, qui sont en conflit concernant l'escalade et la préservation des falaises dans les Grampians, une chaîne de montagnes dans le sud du pays. Mais comme il ne s'est rien passé, j'ai abandonné.

En quoi consiste ce différend ?

C'est un désastre absolu. Cette querelle a été alimentée par le gouvernement victorien et en particulier les Parcs, qui ont passé beaucoup de temps à calomnier les grimpeurs et à monter les communautés aborigènes contre eux. Par exemple, ils ont injustement accusé les grimpeurs d'avoir installé un boulon dans la roche, alors qu'en réalité ce sont les Parcs eux-mêmes qui l'avaient fixé là auparavant, pour soutenir une structure de protection visant à préserver l'art rupestre aborigène.

Avant que tout ceci ne se passe, CliffCare avait de très bonnes relations avec les communautés aborigènes et organisait même des rencontres avec elles sur les falaises pour lutter contre l'érosion, dégager les chemins d'accès ou enlever les herbes invasives, comme les chardons. Mais les Parcs victoriens ont voulu rationaliser tout ça et c'est aujourd'hui une offense que d'enlever une herbe sans permis ! Donc CliffCare doit maintenant candidater pour un permis, attendre la réponse du gouvernement, et tant pis si les chardons sont déjà montés en graine et ont semé la prochaine génération… C'est ridicule de bureaucratie.

Pour en revenir au conflit avec les groupes indigènes, il y a trois groupes dans la région des monts Grampians, et il existe des rivalités entre eux. Rivalités exacerbées par le pouvoir que ces groupes détiennent, notamment grâce à un accès direct au gouvernement. Les Grampians, qui sont un spot d'escalade mondialement reconnu, ont vu de nombreuses zones fermées en 2019, et chaque falaise doit faire l'objet d'une « évaluation culturelle » avant de rouvrir – mais il y a des centaines de falaises ! Or, je vois de nombreux développements dans les Grampians pour les touristes et les randonneurs, par exemple la création de la Grampians Peak Trail, creusée au bulldozer, qui me semblent avoir un impact sur l'environnement et sur les valeurs indigènes bien plus important que l'escalade. Le service des parcs paraît consacrer des ressources importantes au « contrôle » des grimpeurs alors que l'impact des animaux sauvages est hors de contrôle (les cerfs, par exemple, sont désormais partout). Pour moi, c'est beaucoup d'hypocrisie et de bureaucratie, et une volonté gouvernementale de faire des grimpeurs des boucs émissaires.

Comment l'industrie du sport en plein air a-t-elle évolué au cours des quarante années que vous y avez passées ?
Le matériel est devenu plus léger et plus résistant. Quand j'ai commencé, nous campions dans la neige sous une simple toile et dormions sur des journaux pour nous isoler du froid ! Mais l'évolution principale est la démocratisation des sports d'extérieur. Dans les années 1970, l'escalade était perçue comme une activité de cinglés. Aujourd'hui, c'est devenu très *mainstream*. Même si je suis arrivé là par passion, ce fut une excellente décision commerciale, car le marché a connu une croissance exponentielle.

Je crois que la santé mentale est l'une des raisons de cet engouement. Le confinement lors du Covid en fut la preuve : tout le monde a commencé à marcher dehors et a découvert que c'était un excellent moyen de se reconnecter à soi et au monde qui nous entoure ! Nous en avons plus besoin que jamais, entre nos appareils électroniques et notre attention qui décroît dramatiquement. L'extérieur n'offre pas une gratification immédiate, et laisse à notre attention le temps et l'espace de se déployer.

Avec la massification du tourisme, les autorités ont tendance à transformer certaines randonnées en «expériences», en leur attribuant un nom et en investissant dans des hébergements pour attirer les foules. Bien que ce ne soit pas ma tasse de thé, je ne m'y oppose pas, car ces «expériences» permettent à davantage de personnes d'apprécier le *bush*. Toutefois, elles représentent une approche différente de la nature sauvage, car elles impliquent généralement des quotas pour limiter le nombre de marcheurs et des passerelles pour protéger le sol. Là où je trouve que ça va trop loin, c'est quand ces « expériences » empiètent sur les agréments naturels et historiques d'un parc. Par exemple ici, *Parks Victoria* a proposé un projet d'une randonnée entre Falls Creek et le Mont Hotham, qui verrait le campement de Tawonga Huts, une prairie magnifique, remplacé par 19 bâtiments ! Je suis absolument opposé à tout ceci. Mais comme le gouvernement manque de moyens, j'espère que cela ne se fera pas… Ce qui me peine le plus, c'est que ce soit l'institution publique en charge des parcs qui soit à l'origine de cette initiative. Voir ceux qui devraient être les gardiens de la nature sauvage trahir cette mission et se comporter comme un opérateur privé est décevant. Surtout pour moi, qui ai consacré ma vie à défendre la création de ces parcs.

Quelle est la spécificité de la randonnée en Australie ?
Ça n'a rien à voir avec l'Europe par exemple, où il y a des refuges partout. Même la définition d'un refuge est différente. Ici, c'est un abri rudimentaire, alors qu'en Europe c'est quasiment un hôtel. Un Australien peine à imaginer ce que signifie randonner en Europe sans y être allé, tout comme

un Européen a du mal à concevoir l'expérience australienne : partir six ou sept jours en pleine nature sauvage, en emportant tout le nécessaire – nourriture, tente et équipement !

L'Australie a la chance d'avoir quelques-uns des derniers endroits vraiment sauvages au monde. Au sud-ouest de la Tasmanie par exemple, il y a encore des coins complètement reculés sans aucun sentier, où il faut une expérience d'orientation considérable ainsi qu'un niveau physique et mental hors pair pour résister à l'isolement, à la pluie et au froid. Le *bush* permet de se détendre d'une autre façon. Pour moi, c'est là où je me sens le plus heureux. Je n'ai jamais peur dehors, même pas des serpents ou d'autres animaux que certains randonneurs redoutent, ni du mauvais temps. Tout est dans le mental : il faut vraiment avoir envie d'être là.

RÉINVENTER LE MODÈLE AGRICOLE GRÂCE AUX SAVOIRS INDIGÈNES

À l'origine de toute terre australienne, il y a une spoliation originelle des peuples indigènes par les colons britanniques. La doctrine de la *terra nullius*, dont la décision Mabo évoquée précédemment constitue un revirement, fondait la propriété australienne sur une fiction juridique, loin de la réalité d'une gestion attentive du continent par les nations indigènes. L'ouvrage *Dark Emu*, publié en 2014, a fait date en soutenant la thèse de cultures agricoles aborigènes, bien plus avancées que les chasseurs-cueilleurs longtemps présentés. Son auteur, **Bruce Pascoe**, d'origine yuin, bunurong et tasmanienne, met d'ailleurs sa thèse en pratique sur sa ferme indigène de Yumburra, située près de Mallacoota, au bout de plusieurs kilomètres de route de terre. C'est là, dans sa maison sur la colline surplombant la rivière Wallagaraugh, que je le rencontre quelques jours avant Noël.

Comment l'aventure de *Dark Emu* a-t-elle commencé ?

Par colère envers les livres d'histoire. J'ai écrit *Convincing Ground*, qui parle des guerres de contact entre immigrés britanniques et peuples aborigènes, car il n'existait pas de livre comme cela. Certains ouvrages étaient consacrés à des massacres, mais aucun ne parlait de *tous* les massacres et surtout de ce qu'ils signifiaient pour le pays et pour notre peuple. En faisant mes recherches, je suis tombé sur des mentions de peuples aborigènes qui cultivaient de la nourriture, ce qui était une surprise absolue. Je me suis dit qu'il fallait que j'écrive un livre sur la question et c'est ainsi qu'est né *Dark Emu*.

L'écriture de ce livre a été nourrie par une inquiétude persistante : et si l'Australie connaissait si mal son propre territoire qu'elle finisse par le détruire ? Pendant cent vingt mille ans[1], ce pays a été géré de manière durable, mais en seulement deux cents ans, nous l'avons mené au bord de l'extinction. Ce n'est pas seulement la faune qui disparaît, c'est l'ensemble des écosystèmes. Autrefois, nos rivières étaient pleines d'eau, mais chaque été, nous semblons surpris de les voir asséchées, alors même que nous les épuisons pour irriguer des cultures extrêmement gourmandes en eau. Je veux montrer que le savoir aborigène est essentiel : ce n'est pas une question de bienveillance, mais de préservation de la terre. Une civilisation qui a prospéré pendant cent vingt mille ans a forcément développé des pratiques durables.

Et comment êtes-vous passé de l'écriture à l'agriculture ?

Déjà en 2001, la décision du juge Olney qui considérait que la culture Yorta Yorta avait été « emportée par la vague de l'histoire », et qu'à ce titre le peuple Yorta Yorta ne pouvait prétendre à des droits de propriété, m'avait alarmé. Puis,

1 Une étude publiée en 2019 défend la présence de traces d'occupation humaine à Point Ritchie dans le Victoria remontant à -120 000 ans.

après le succès de *Dark Emu* en 2014, je me suis inquiété que l'engouement pour les aliments natifs puisse profiter à certains, sans que les Aborigènes ne reçoivent le crédit qu'ils méritaient. Alors, en 2018, j'ai acheté cette ferme avec l'argent des ventes de mon livre pour que la nation Yuin ait un pied-à-terre où cultiver ses plantes. Il faut dire que j'avais déjà eu une ferme bovine dans les années 1970 pas très loin d'ici, à Maramingo, où je m'essayais depuis une douzaine d'années à faire pousser des tubercules et certaines herbes.

Avec ma première ferme, je veillais à préserver le sol et la faune sauvage en aménageant des couloirs verts et autres dispositifs similaires. Mais j'ai appris bien davantage ici à Yumburra avec les cultures natives. Par exemple, nous n'utilisons aucun pesticide ou engrais et nous n'irriguons pas non plus. C'est un modèle agricole idéal pour l'Australie, bien mieux adapté à ses climats que le blé et les moutons importés d'Europe, et donc plus écologique. Il y a également un argument nutritionnel, car nos farines d'herbes natives comportent 27 % de protéine contre 11 % pour la farine de blé. Enfin, il s'agit d'un geste politique : montrer que les personnes aborigènes sont toujours impliquées dans la production agricole, et que nos cultures sont bien vivantes.

Comment se passe la production ?

Notre entreprise sociale, Black Duck Foods, existe depuis plusieurs années, et ça nous a demandé beaucoup de travail. La première chose que j'ai faite fut de construire le jardin dans un enclos grillagé, afin d'établir une solide base de semis pour démarrer nos cultures. J'ai trouvé les premières graines sur la rive en bas du champ, et sur des propriétés voisines. Nous cultivons des plantes endémiques. Dans le champ, à côté de la maison, nous avons de l'herbe dansante (*mandadyan nalluk* en langue yuin), de l'herbe de kangourou, de l'herbe à piquants et un peu d'herbe de wallaby, plus loin, dans le champ sur la colline de l'autre côté du ruisseau. Au total, nous avons environ une demi-douzaine de graminées. Nous cultivons aussi du lys à la vanille, du lys au chocolat, du lys bulbine et trois sortes d'ignames (*murnong* en langue yuin). Nous faisons pousser de nombreuses plantes, y compris de la menthe native et des légumes indigènes pour les salades.

Nous avons maintenant une véritable production que nous vendons à des personnes aborigènes. Mabu Mabu, un restaurant aborigène à Melbourne, achète beaucoup de nos produits. J'y étais par exemple hier pour livrer quinze kilos de farine et de cinq kilos de tubercules. C'est une véritable illustration de notre héritage culturel et de notre souveraineté. Nous fournissons également la farine de la boulangerie Native Foodways à Sydney. Mais cette année nous avons eu une saison très sèche, et je pense que nous ne serons pas en mesure de récolter l'herbe de kangourou en janvier car elle n'est pas assez mûre. Nous espérons pouvoir le faire en mars-avril et, en attendant, nous avons d'autres fermes que nous pouvons moissonner pour satisfaire nos commandes.

Nous avons deux moulins et tout le travail de battage se fait dans les entrepôts que vous voyez là. C'est un véritable défi. Nous avons essayé la méthode traditionnelle, en utilisant un mortier et un pilon ou un plat à moudre, mais c'est très chronophage car nous ne maîtrisons pas la technique aussi bien que nos ancêtres. Il est impossible de répondre à la demande moderne comme cela. C'est un exercice d'équilibriste, nous cherchons à respecter les traditions autant que possible tout en nous adaptant aux exigences d'aujourd'hui. Par exemple, nous commençons les moissons, les séances de feu et le battage avec des cérémonies culturelles, et nous impliquons autant d'Aînés (*Elders*) que possible. Mais j'ai aussi sauté dans la Subaru hier pour apporter la farine à Melbourne – ils n'avaient jamais fait ça ! C'est le monde moderne et les réalités auxquelles nous sommes confrontés, nous devons nous y adapter.

Comment avez-vous acquis ce savoir ?

J'ai tâtonné et essayé, en observant ce qui fonctionnait. Nous avons aussi la chance de pouvoir faire appel à plusieurs Aînés ; l'un d'entre eux siège d'ailleurs dans notre conseil d'administration. Ils nous font des suggestions, fondés sur les souvenirs de ce qu'ils mangeaient enfants, par exemple. Mais de nombreuses lacunes subsistent encore, notamment la manière dont ces plantes étaient cultivées. Jour après jour, nous découvrons et réapprenons ainsi notre savoir ancestral. Rien qu'en récoltant la commande que j'ai livrée hier, j'ai déjà appris quelques astuces !

J'aime transmettre mes connaissances. J'ai écrit *Black Duck* pour raconter l'histoire de la ferme. Nous entretenons également de nombreux échanges avec des groupes aborigènes qui souhaitent s'appuyer sur notre expérience pour identifier les plantes adaptées à leur terrain et à leur écosystème, ou pour apprendre à gérer une entreprise. Par exemple, je viens tout juste de recevoir un appel d'Australie-Occidentale, une demi-douzaine de personnes viendront passer une semaine à la ferme pour apprendre ce que nous savons. Nous nous rendrons bientôt sur la terre de la tribu Kabi Kabi pour aider dans une ferme. Et je reviens à peine de Darwin, où j'ai travaillé avec d'autres personnes impliquées dans la botanique et les aliments natifs.

Quel rôle le feu joue-t-il à Yumburra ?

Nous utilisons le feu pour cultiver (*firestick farming*). Vous pouvez le voir sur la colline en face : les zones couleur paille sont celles que nous n'avons pas brûlées et qui se sont asséchées, tandis que les zones vert clair sont celles que nous avons régénérées, et dont les kangourous adorent les jeunes pousses. C'est le *deal* : la faune sauvage bénéficie d'une partie de la récolte, comme les canards noirs (*Yumburra* en langue Yuin, qui ont donné leur nom à la ferme), qui mangent des graines.

Mais les feux de brousse sont destructeurs. Les terribles incendies de 2019-2020 ont dévasté toute la région. Le feu était si intense qu'il a traversé la rivière, ce qui m'a pris par surprise. Toute la propriété a brûlé, à l'exception de la maison. Certaines pièces de machinerie ont même fondu. Cela a duré sept à huit semaines, et mon bateau a été essentiel pour nous permettre de tenir, car la route était quasiment constamment fermée à cause des assauts des flammes. Je me rendais alors à Mallacoota chercher du ravitaillement pour les fermiers d'ici. Avec quatre autres personnes, nous avons réussi à sauver toutes les maisons de Gipsy Point, sauf deux. Je n'aime pas y penser, j'essaie de passer à autre chose.

CHAPITRE IV

LE SPORT, CIMENT DE LA COMMUNAUTÉ NATIONALE

En Australie, le sport est une sorte de religion civile. Bien plus qu'un simple passe-temps, il incarne les valeurs fondatrices de l'identité australienne : égalité, fair-play, esprit d'équipe et dépassement de soi. Beaucoup d'Australiens croient d'ailleurs que le test pour obtenir la nationalité australienne comporte une question sur le score moyen du héros national Don Bradman au cricket (99,94).

Sur cette île-continent où la capacité intellectuelle n'est rien sans la vitalité physique, le sport constitue une composante essentielle de l'éducation, et presque un rite d'initiation. Les enfants sont fortement encouragés à pratiquer un sport, et soutenir une équipe est un élément incontournable de la vie sociale. Et gare à ceux qui changeraient d'affiliation en cours de route ! Les performances comptent moins que le sentiment de communauté, au niveau local comme au niveau national.

C'est en effet par le sport que l'Australie se définit et reconnaît sa valeur. Aux Jeux olympiques de Paris, la nation de 26 millions d'habitants est arrivée quatrième du classement mondial avec 18 médailles d'or, juste devant la France. Les excellentes performances des athlètes australiens sont d'autant plus admirables lorsque l'on connaît l'éventail des sports pratiqués en Australie, avec des disciplines extrêmement suivies nationalement mais quasi inexistantes à l'international, comme le football australien ou le rugby à XIII. En unifiant l'ensemble du pays, le sport permet également une réconciliation des populations. Lorsque l'athlète wiradjuri Cathy Freeman célèbre sa première médaille aux Jeux du Commonwealth de 1994 avec le drapeau aborigène sur les épaules, cela fait scandale. Six ans plus tard, en 2000 à Sydney, le drapeau aborigène (deux bandes horizontales noire et rouge avec un cercle jaune au milieu) est devenu un drapeau officiel de l'Australie et Cathy Freeman, en plus d'avoir porté la torche olympique, remporte l'or sur le 400 mètres. La retransmission en direct de sa victoire demeure, à ce jour, les minutes les plus regardées de la télévision australienne.

Ce n'est donc pas un hasard si une bonne partie du rayonnement international australien passe par le sport. En 2000, le monde avait le regard tourné vers les Jeux olympiques de Sydney, et Brisbane espère renouveler cet exploit en 2032. Le pays utilise le sport pour mettre en avant ses valeurs libérales d'égalité et de fair-play. En 1972 déjà, l'équipe de cricket australienne (sous la houlette de Don Bradman, alors président de Cricket Australia) refusa de jouer contre l'équipe sud-africaine pour protester contre l'apartheid. L'ancienne numéro 1 mondiale de tennis, Ash Barty, est reconnue pour sa légendaire humilité. Par exemple, lors de sa victoire à Wimbledon, elle a pris le temps de remercier les ramasseurs de balles, ce qui fait d'elle une excellente ambassadrice des valeurs australiennes.

Le sport agit comme l'aiguillon moral de la société égalitaire australienne. Le dépassement de soi conduit à une reconnaissance assurée, mais implique également des sacrifices physiques : les commotions cérébrales et contusions sont fréquentes dans les sports professionnels. Chez les amateurs, si l'activité physique est fortement encouragée – avec 80 % des Australiens pratiquant un sport ou une activité physique au moins une fois par semaine –, l'obésité continue cependant de toucher 66 % des adultes.

Pour comprendre ce que le sport signifie pour eux, nous rencontrons quatre Australiens impliqués dans ce domaine : un journaliste, la vice-présidente d'un club de sauveteurs volontaires, une supporter passionnée et un ancien joueur professionnel.

COUVRIR LE SPORT EN TANT QUE JOURNALISTE

Si la culture du sport est autant vibrante en Australie, c'est parce que le sport est largement accessible à tous : retransmis à la radio et à la télévision, abondamment couvert dans la presse et sur internet, et faisant l'objet de multiples podcasts et blogs. Passionnés par leur sujet et experts dans leur domaine, les conversations avec des journalistes sportifs sont une excellente porte d'entrée pour comprendre le monde du sport en Australie. Je retrouve **Sam Bruce**, sportif et journaliste spécialisé dans le rugby à XIII, pour un café, un jour de pluie à Sydney.

Comment en es-tu arrivé à une carrière dans le sport ?
J'ai grandi dans une ferme à Coonabarabran, à cinq heures de route de Sydney. Dès que mes frères et moi avons eu l'âge de lancer une balle, nos fins d'après-midi se partageaient entre le cricket en été et le rugby en hiver. À treize ans, je suis parti en pension à Sydney, et le sport était là encore une part importante de ma scolarité. Les écoles privées de Sydney, comme les écoles publiques d'ailleurs, se rencontrent chaque saison pour des tournois sportifs. C'est une rampe de lancement pour les futurs joueurs professionnels. Quand j'ai compris que je ne serais pas assez bon pour devenir joueur de rugby professionnel, j'ai décidé de faire ce qu'il y avait de mieux après ça : écrire sur ce sport. J'ai suivi une licence de journalisme à l'université, et je suis entré comme jeune diplômé à Fox Sport, qui est la principale chaîne de sport ici en Australie. J'y suis resté pendant près de cinq ans à écrire pour leur site internet puis je suis passé chez ESPN en 2014, où je suis toujours.

Que fait ESPN ?
Le site principal, ESPN.com, qui est basé aux États-Unis, couvre le sport américain. Depuis 2016, notre édition pour

l'Australie et la Nouvelle-Zélande ajoute la couverture des sports et des événements sportifs australiens. Notre contenu varie avec les saisons. Nous avons récemment atteint notre record de visiteurs, avec deux millions le mois dernier, ce qui est très encourageant.

Notre rémunération vient principalement des publicités, car la majeure partie de notre contenu est gratuite, ce qui est notre grande différence face à nos compétiteurs, Nine et Newscorp. Nous sommes également rémunérés par Foxtel pour la diffusion de nos deux chaînes télé ESPN ainsi que sur leur plateforme de streaming. Enfin, nous générons des revenus grâce à nos réseaux sociaux, en particulier notre compte TikTok, qui a récemment explosé.

Nos lecteurs sont principalement des hommes de 18 à 34 ans, ce qui est un peu plus jeune que Fox Sport. En Australie, le basket est populaire auprès des jeunes : la ligue australienne de basket a été lancée dans les années 1980 et a connu un engouement massif dans les années 1990 avec l'effet Jordan. Mais cela n'était pas viable, et elle a perdu une dizaine de clubs en quelques années, au point où ni Sydney ni Melbourne n'avaient d'équipe ! En 2015, Larry Kestelman, un homme d'affaires américain, a racheté l'ensemble de la ligue et l'a complètement revitalisée, avec un succès retentissant. Le basket connaît aujourd'hui son moment de gloire. De plus en plus d'enfants le pratiquent, les terrains se multiplient, et ce sport se prête parfaitement aux formats de vidéos courtes sur TikTok.

Sur quoi écris-tu ?

Je suis spécialisé sur le rugby, qui est mon sport de prédilection, mais j'écris aussi sur l'Ultimate Fighting Championship (UFC) et le Mixed Martial Arts (MMA). Je me souviens de mon premier combat, à 10 h 30 du matin, sous les regards de deux cents spectateurs. Deux femmes s'affrontaient : l'une agrippait l'autre par le cou et lui assénait des coups de poing au visage. C'était trop brutal, trop tôt pour moi. J'ai dû m'éloigner pendant les deux combats suivants. Malgré la violence, j'ai appris à apprécier cette discipline, tant pour la condition physique qu'elle exige que pour la diversité des arts martiaux qui la composent. C'est agréable de faire une pause du rugby et c'est particulièrement intéressant d'un point de vue narratif, car les histoires des combattants sont fascinantes.

Par exemple, cette athlète de combat à mains nues, Bec Rawlings, victime de violence domestique. Elle a dû se séparer de son conjoint à plusieurs reprises car elle craignait pour sa vie. Le MMA a été le moyen de regagner confiance en elle et d'élever son fils seule. C'était émouvant, et c'est probablement ce qui a expliqué le succès de cette interview : elle contenait cet aspect humain, à la fois tragique et triomphal. Cela diffère de la majorité de nos articles, qui sont parfois mondains et répétitifs : les contrats, les mésententes entre coaches et athlètes, les saisons sportives, etc. Mais les histoires comme celle-là, qui vont au-delà du sport et parlent à un plus grand cercle, font le sel de notre métier.

Quels sont les sports les plus populaires en Australie ?

Le sport nous rassemble et nous divise à la fois. Nous nous unissons autour des Coupes du Monde de football et du cricket en été, mais en hiver, les sports diffèrent. Sur la côte est, c'est plutôt le rugby à XIII, tandis qu'ailleurs c'est le football australien qui prime. Il y a une certaine rivalité, chacun défendant son sport comme étant le meilleur. Les ligues de football australien et de rugby à XIII n'auront jamais de compétitions internationales, mais en Australie, elles sont très importantes. Si tu ne soutiens pas d'équipe, es-tu encore quelqu'un… ?

Ce qui nous distingue du reste du monde, c'est probablement la diversité des sports que nous pratiquons. Même si certains sports ont du mal à recruter des athlètes ou à faire parler d'eux, l'environnement est tout de même favorable : si tu veux jouer, tu dois juste être bon. À l'international, nous sommes déterminés à exceller dans tous les sports, même le football – comme l'a démontré la performance des *Matildas* lors de la Coupe du Monde féminine de 2023. Nous sommes un petit pays de 26 millions d'habitants mais nous avons l'impression de boxer au-dessus de notre catégorie. Nous ne dominerons jamais le monde politiquement, mais pour le sport nous aimons penser que nous sommes l'une des plus grandes nations du globe ! Le fait que Melbourne accorde un jour férié à la Melbourne Cup, surnommée « la course qui immobilise le pays » (« *the race that stops the nation* »), en est une preuve éclatante.

D'où vient cette passion ?

La mienne vient de mon père, un joueur de rugby qui est ensuite devenu arbitre. Certains jours, il pouvait faire jusqu'à six heures de route juste pour aller arbitrer une rencontre. Quand mes frères et moi n'étions pas en train de jouer dans le jardin, nous regardions ou écoutions des matches avec lui.

Il faut comprendre que, surtout à la campagne, le sport est un véritable événement social, une occasion de se réunir le dimanche après-midi. C'est particulièrement important pour les agriculteurs, qui font régulièrement face à des sécheresses et dont le moral n'est pas toujours bon. Le sport apporte une vraie fierté locale : ce sont leurs équipes ! Ce sentiment de fierté est partagé à travers tout le pays, il fait partie de notre identité et de notre culture.

En ville également, il y a de nombreux clubs : touch rugby, cricket… Pour des personnes comme moi, un bon après-midi consiste à jouer puis à aller au pub avec ses coéquipiers, qui deviennent par la suite des amis. Ça permet de se construire une véritable communauté. À cela s'ajoute l'accent mis sur la santé et la forme physique. Pratiquer un sport permet de s'entretenir de manière agréable et ludique. Il faut cependant souligner le risque, de plus en plus reconnu, de commotions cérébrales dans les trois sports de contact que sont le rugby à XIII, le rugby à XV et le football australien. C'est une vraie question pour les parents, qui hésitent à inscrire leurs enfants. C'est aussi le risque au cricket. En 2014, le joueur australien Phillip Hughes est décédé après avoir été frappé à la tête par une balle. Cet incident a choqué le milieu du sport et, depuis, le casque a été modernisé pour offrir une meilleure protection.

Pour en venir au rugby, quelle est la différence entre le rugby à XIII et le rugby à XV, outre le nombre de joueurs ?
Dans le rugby à XIII, tu n'as la balle que pour six tacles, après tu dois la tirer au pied et l'adversaire a six tacles pour la mener à l'essai. La séparation entre les deux formes de rugby remonte à 1908, lorsqu'une dispute sur le paiement des joueurs a eu lieu. Le rugby à XV a choisi de rester amateur, tandis que le rugby à XIII a opté pour des joueurs professionnels, modifiant les règles du jeu – et celles-ci continuent de changer encore aujourd'hui. En Australie, le rugby à XIII a longtemps été associé aux classes populaires, tandis que le rugby à XV était celui des classes aisées. Bien que cette distinction se soit estompée, certains passionnés de rugby à XIII gardent encore un certain ressentiment envers les élites.

Le rugby à XIII est très populaire en Australie car c'est une ligue nationale, qui a historiquement bénéficié d'une couverture médiatique quotidienne. Les nombreux clubs et les matches hebdomadaires contribuent à sa grande visibilité. Ce sport est aussi aussi considéré comme plus divertissant que son homologue à XV, car il y a moins de pauses ou d'arrêts qui coupent l'élan du jeu. Cela s'explique en partie par son aspect local : la ligue de rugby à XIII peut instaurer une nouvelle règle en un temps record, avec une réunion du comité le mercredi et une application dès le match du jeudi soir. En revanche, pour le rugby à XV, en raison de son caractère international, toute nouvelle règle doit être approuvée par la fédération mondiale, passer par une phase d'essai, ce qui prend généralement au moins deux ans. De fait, l'Australie sert d'incubateur pour les nouvelles règles du rugby.

Le meilleur exemple en est la règle des «encore six tacles», introduite pendant la pandémie de Covid-19, qui a joué un rôle clé dans la popularité croissante du rugby à XIII. Lors d'une faute, l'arbitre accorde six tacles supplémentaires à l'équipe pénalisée, ce qui a rendu le jeu plus dynamique, avec des actions prolongées et des scores plus élevés.

DIRIGER UN CLUB DE SAUVETEURS VOLONTAIRES

Rien de plus australien que de patrouiller sur la plage en rouge et jaune pour assurer la sécurité des nombreux baigneurs. Il faut dire que l'océan est dangereux, entre vagues et courants qui emmènent vers le large. Chaque année en Australie, environ trois cents personnes se noient. Il est courant d'enseigner aux enfants de la côte à nager dès qu'ils le peuvent et de les inscrire au programme de sauveteurs juniors, les *nippers*. Les clubs de sauveteurs volontaires (*surf life saving clubs*) forment ainsi une partie essentielle de la communauté côtière australienne. Pour savoir ce qu'il en est depuis l'intérieur, j'ai la chance de discuter avec **Felicity MacArthur**, vice-présidente de l'iconique club de Bondi, créé en février 1907 – et qui se dispute le titre de premier club d'Australie avec celui, deux plages plus au sud, de Bronte.

Pourquoi as-tu rejoint le club de Bondi ?

Quand je suis arrivée en Australie il y a dix ans, je vivais chez des membres de ma famille qui faisaient partie du club de *surf life saving* d'Avoca Beach, au nord de Sydney. Chaque matin, nous allions à la plage et ils ne me laissaient pas entrer dans l'eau car ils me disaient « Tu ne sais pas encore ce que tu fais, reste ici. » J'étais pourtant surveillante de baignade à Camp America ! Après m'être fait emporter par les rouleaux, j'ai réalisé que je ne connaissais rien aux vagues. À partir de ce moment-là, rejoindre un club est devenu pour moi l'essence même de l'expérience australienne.

J'ai beaucoup nagé pour préparer mon médaillon de bronze, et j'ai décidé de rejoindre le club de Bondi, qui semblait coller à ma personnalité. J'y ai trouvé ma communauté : dynamique, aimant les activités de plein air et à la fois très diverse en termes d'âges, de cultures et d'expériences. Il y a beaucoup d'expatriés ou d'Australiens ne venant pas de Sydney qui font du club leur deuxième maison. Moi-même, je ne resterais sans doute pas en Australie si ce n'était pas pour le club !

Qu'est-ce que le médaillon de bronze ?

C'est le niveau de base pour être sauveteur volontaire en Australie. C'est un cours théorique et pratique de 40 à 50 heures, étalées sur huit à dix semaines. À la fin du cours, pour obtenir la certification, il faut démontrer plusieurs compétences, comme le sauvetage en mer, les gestes de premier secours, etc. On y apprend aussi à comprendre les vagues. Après le médaillon de bronze, tu peux continuer avec les médaillons d'argent puis d'or. Mais pour ce dernier, il faut être un excellent nageur et athlète : seuls dix membres l'ont sur les 1700 que compte le club.

Et tout le monde est volontaire ?

Oui, nous n'avons que deux employés. Les membres doivent surveiller la plage au minimum plusieurs fois dans la saison, mais beaucoup font bien plus pour la vie du club. Mon travail est de faire en sorte que tous ces volontaires y trouvent leur compte. Par exemple, nous avons des avant-postes le long de la plage – celui du sud est redouté, car les sauveteurs ont l'impression d'y être oubliés pendant des heures. Ce sont les petites choses comme ça qu'il faut essayer de rendre plus engageantes, car les patrouilles durent jusqu'à sept heures d'affilée. Si tu ne fais aucun sauvetage, c'est difficile de ressentir la satisfaction du travail bien fait, mais lorsque les vagues sont fortes, les choses peuvent rapidement dégénérer. Notre «record» est de 90 sauvetages en une matinée, et je peux avoir jusqu'à 34 personnes en patrouille pour le club pendant une journée, ce qui est énorme. Mais c'est essentiel, car il n'y a que quelques sauveteurs professionnels pour toute la plage, qui compte certains jours 30 000 visiteurs !

Quel est ton rôle en tant que vice-présidente ?

J'assiste le président dans la gestion des relations publiques et je le remplace lors des événements auxquels il ne peut pas participer. Par exemple, le jour de l'Anzac, nous déposons une couronne de la part du club. Certains week-ends, si le président n'est pas là, je peux passer jusqu'à vingt heures au club : accueillir des personnalités qui viennent rendre visite, discuter avec les parents dont les enfants fumaient du cannabis pendant leur patrouille, ou répandre les cendres d'un membre décédé avec sa famille… des choses que je n'aurais jamais pensé faire !

Chacun des neuf membres du conseil d'administration exerce des responsabilités spécifiques. Pour ma part, je m'occupe des services aux membres du club : la sécurité des enfants, l'inclusion et la diversité, ainsi que l'accueil et l'intégration des nouveaux membres. Bien que nous soyons un club de bénévoles, nous sommes perçus comme professionnels, et il est essentiel d'avoir un service de ressources humaines pour garantir un lieu sûr et accueillant pour tous. C'est d'ailleurs la partie que je préfère ! Je veille à ce que notre club reste progressiste et prenne soin de la santé mentale de ses membres. Bondi étant un club emblématique, nous devons continuer à ouvrir la voie.

L'inclusion du handicap me tient aussi à cœur. J'ai levé les fonds nécessaires *via* des subventions pour des tapis de plage pour fauteuils roulants, et j'ai instauré il y a quatre ans un programme de sauveteurs juniors (*nippers*) pour des enfants autistes. Je suis également impliquée dans l'enseignement de la nage en eau libre à travers plusieurs initiatives comme « Swim Sisters », destinée à des femmes musulmanes vivant à l'ouest de Sydney et ne venant que très rarement à la plage. Le club soutient également l'initiative « Can too », qui collecte des fonds pour la recherche contre le cancer, ainsi qu'un programme d'initiation à la plage, auquel vingt-trois enfants réfugiés ukrainiens ont participé l'an dernier. Le club offre ainsi une plateforme et une voix au cœur de la communauté.

Qu'apprécies-tu le plus et, à l'inverse, à quels défis es-tu confrontée ?

Surf life saving n'est pas toujours le mouvement le plus progressiste, notamment en matière de parité – les femmes ont eu le droit de passer leur médaillon de bronze il y a seulement quarante ans. J'ai la chance d'en faire partie au moment où la parité progresse car j'ai eu de nombreuses opportunités, notamment managériales. J'ai participé à un programme de mentorat féminin et je crois être la deuxième femme à occuper le poste de vice-présidente en 117 ans d'existence. Cela me donne régulièrement l'opportunité d'être la voix de la communauté de Bondi.

Ce n'est pas toujours facile. Si nous apportons trop de changements d'un coup, nous risquons d'aliéner les membres de longue date, ceux dont on dit qu'ils « saignent bleu », en référence à nos couleurs, le bleu et le blanc. Il faut trouver un équilibre entre progrès et traditions, dont les membres sont la mémoire vivante. Nous allons bientôt rénover le club et installer un mini-musée sur son histoire. Par exemple, autrefois, les sauveteurs pratiquaient les massages cardiaques en frottant le dos des victimes, qu'ils secouraient avec des cordes. Conserver ce savoir est essentiel.

Globalement, le mouvement *surf life saving* est extraordinaire. Nos missions et nos valeurs sont autour du *mateship* : s'aider les uns les autres, et devenir de meilleurs Australiens. C'est incroyable de pouvoir se rendre dans n'importe lequel des 130 clubs de Nouvelle-Galles du Sud pour patrouiller et d'avoir une connexion instantanée avec ses membres ! Nous sommes tous là pour relever des défis et nous améliorer. Passer du temps dans les vagues rend humble, car tu es constamment confronté à tes peurs. Tu en apprends beaucoup sur toi-même.

C'est fantastique pour des personnes de tous âges, mais c'est surtout une excellente valeur à transmettre aux jeunes. *Nippers* est l'une des rares activités où les garçons et les filles peuvent s'affronter en compétition sur un pied d'égalité jusqu'à leur adolescence. En patrouille, les enfants doivent parler à des gens de 60 ans, apprendre à communiquer par radio – c'est très responsabilisant ! Quelques-unes de mes meilleures recrues sont des adolescentes de 15 ans, qui font parfois les idiotes, mais à qui je fais entièrement confiance quand il s'agit d'aller sauver quelqu'un. L'an dernier, de jeunes sauveteurs ont tiré un homme inconscient des vagues et lui ont fait un massage cardiaque ; il est aujourd'hui bel et bien vivant grâce à eux, et ses enfants nous ont même rejoints pour passer leur certificat de sauvetage junior.

Comment parviens-tu à concilier ton rôle de vice-présidente et tes moments de baignade avec tes amis du club ?

J'ai longtemps refusé le rôle de vice-présidente, pensant qu'on me le proposait simplement par discrimination positive. Mais, il y a trois ans, j'ai eu un grave accident dans les vagues et cela m'empêche toujours de venir m'entraîner et de faire de la compétition. M'engager davantage sur le plan administratif en tant que vice-présidente était une occasion de renouer avec elle.

Le côté politique peut être isolant. En tant que membre du conseil d'administration, je ne peux pas toujours tout dire. Le club est comme un petit village où tout le monde connaît les faits et gestes de chacun, et c'est parfois difficile d'échapper à cela. C'est pourquoi j'ai commencé à nager davantage en dehors du club, pour me libérer de la pression d'être constamment observée.

Comment se déroulent les compétitions ?

Il existe une très grande variété de compétitions. Les plus courantes sont des relais entre différentes disciplines. Par exemple, le relai Taplin combine 400 m de natation, 600 m de planche de sauvetage et 600 m de surfski – une sorte de long kayak. Il y a aussi des compétitions de natation et d'autres qui se pratiquent sur la plage (course à pied et maniement de drapeaux). Enfin, il existe des compétitions autour d'équipements traditionnels, comme la corde, qui demeure un événement phare. Dans cette épreuve, une personne nage au loin, et une équipe doit la ramener à la plage en utilisant une corde enroulée autour d'un dévidoir.

L'épreuve à laquelle je participais auparavant était un heptathlon, qui combine compétences de sauvetage (test théorique et exercices pratiques) et compétences physiques (quatre courses : natation, sauvetage avec planche, sauvetage avec bouée et course à pied). Je prenais également part à des compétitions ressemblant à un *escape game* pour une patrouille : il fallait s'installer, gérer une série de scénarios (accidents, etc.) et enfin tout ranger, le tout dans un temps limité ! Toutes ces compétitions sont organisées par catégories d'âge, ce qui permet à chacun de participer, favorisant ainsi un esprit sincère de communauté. Il y a une véritable culture et fierté à tenter sa chance et à représenter son club.

À un niveau plus élevé, il y a les athlètes d'élite, qui sont rémunérés par leurs sponsors et participent à des compétitions comme les Ironman : surfski, planche de sauvetage et nage. La saison est organisée autour d'un système de points avec un gagnant et une gagnante à la fin. Ce sont un peu les stars du monde des sauveteurs !

SOUTENIR UNE ÉQUIPE DE FOOTBALL AUSTRALIEN

Le football australien, de son vrai nom « Australian (Aussie) Rules Football », est né au milieu du XIXe siècle à Melbourne, ses règles s'inspirent des différents types de football alors pratiqués dans les écoles privées anglaises. Désormais présent dans tout le pays, le football australien conserve un lien profond avec l'État du Victoria dont il est originaire. C'est là qu'il est le plus populaire, et les habitants profitent même d'un jour férié avant la grande finale qui clôture la saison. Ce sport, qui demande une condition physique particulière, combine rapidité de course, passes à la main et tirs au pied pour marquer des buts. Il se joue en hiver sur le même terrain que le cricket. **Michelle Verghis** est une fan inconditionnelle du jeu et de l'équipe des Sydney Swans. Je la retrouve au centre aquatique de Gunyama, à Sydney, où elle nage tous les matins.

Quels sports suis-tu ?

Tous les sports auxquels tu peux penser ! Le cricket, le football australien, le rugby à XIII et à XV, le football… Cela vient de mes origines indiennes. Tout le monde en Inde regarde le sport, et en particulier le cricket, qui est une religion là-bas.

Ma mère, qui a maintenant 80 ans, reste debout toute la nuit pour regarder le cricket international, qui commence à minuit et qui finit à 6 heures du matin.

Depuis mes cinq ans, j'ai toujours regardé le sport. Quelques années plus tard, je suis devenue membre du stade de Sydney, le Sydney Cricket Ground (SCG), ce qui me permettait d'aller à tous les matches, cricket comme football australien. C'est là que j'ai commencé à supporter les Sydney Swans, l'équipe locale de football australien. En général, les gens changent de passions entre leur enfance et leur vie d'adulte, mais pas moi ! Plus je vieillis, plus je m'investis dans le football australien.

Qu'est-ce que le football australien a de si particulier ?

Ce sport n'existe nulle part ailleurs, et c'est incroyable de voir à quel point il est profondément ancré dans la culture ici. Je me demande toujours ce qui pousse ces jeunes hommes et femmes à s'entraîner aussi dur pour un sport sans possibilité de carrière internationale. Il existe une équipe australienne théorique, « the all-Australian team », qui est nommée à la fin de chaque saison. C'est plus une reconnaissance qu'autre chose pour les joueurs sélectionnés car l'équipe ne joue pas. Enfin, c'est un sport très rapide, très excitant à regarder et immensément populaire, surtout dans l'État du Victoria.

Populaire mais sans violences parmi les supporters...

C'est vrai que, de ce côté-là, le football australien est un sport anglo-saxon très neutre, très « tourte à la viande et bière à la main ». L'Australie étant un pays relativement jeune, nous n'avons pas cette longue histoire ethnique ou culturelle qui nourrit souvent les conflits entre supporters. Cela dit, le football classique a par le passé connu des violences liées aux identités culturelles des clubs. Par exemple, celui de Sydney était très lié à l'immigration croate et appelé « Sydney-Croatie ». Les tensions ont poussé le gouvernement à professionnaliser la ligue et à supprimer les noms ethniques des clubs. Mais cela a aussi enlevé une part de la passion des supporters car, à mon avis, le sport a besoin d'une certaine identité ethnique. Le sport en Australie est trop aseptisé.

Qu'est-ce que cela implique au quotidien d'être une supporter inconditionnelle des Swans ?

Je ne manque aucun match à domicile. Il faut qu'il y ait une bonne raison pour que j'en rate un ! La saison dernière, ça s'est passé deux fois : la première car j'avais le Covid, et la deuxième c'était les 80 ans de ma mère. Ensuite, je vais voir les entraînements de l'avant-saison avec une autre mère de famille ; c'est rare de trouver une autre femme aussi passionnée que moi.

Être une supporter a un coût financier. Une adhésion au Sydney Cricket Ground coûte environ 1 400 dollars l'année, et je paie 300 dollars de plus pour avoir la garantie d'obtenir des places pour la finale de football australien si les Swans y sont. Sans cela, il est impossible d'obtenir des billets, qui ne sont quasiment jamais mis en vente au public, sauf de façon très limitée.

Par exemple, cette année, je suis allée voir la finale à Melbourne car les Swans y participaient. J'ai dépensé environ 3 500 dollars pour deux jours entre l'avion, l'hôtel, la nourriture, les dîners… Ils organisaient un dîner de gala à Melbourne et un autre au club, à Sydney, pour célébrer le retour de l'équipe, avec la remise d'une médaille au meilleur joueur. J'ai assisté aux deux, ce qui représente un coût conséquent dans le budget familial. Quand les Swans ont perdu, j'étais dévastée. Ils avaient pourtant une chance de gagner après une très belle saison mais ils se sont complètement effondrés.

Chaque année, j'essaie d'assister à un match dans un autre État, en l'intégrant dans nos vacances en famille. Je planifie souvent nos voyages en fonction du calendrier des Swans et des équipes de cricket.

Tu partages donc cette passion avec ta famille ?

Mon mari est très sportif et mes fils jouent au football classique à haut niveau. Notre calendrier familial est basé sur leurs entraînements, leurs matches, leurs voyages… Par exemple, nous envisageons d'acheter une maison, mais les dépenses à prévoir pour leurs activités sportives conditionneront notre budget. Les enfants aiment ce qu'ils font et cela permet de garder la famille très soudée. Mon mari et moi adorons faire partie de leur communauté sportive. Et à mesure qu'ils grandissent, nous nous apercevons qu'ils n'ont pas les problèmes que rencontrent les adolescents de leur âge car ils sont trop occupés ! Ils n'ont aucun problème à aller s'entraîner l'hiver sous la pluie quand il fait 6 ^{0}C ou bien à se lever aux aurores pour venir nager ici le matin.

Mes enfants n'aiment pas autant regarder le sport autant que moi. L'un de mes fils aime bien le football australien, l'autre non. Et même si mon mari adore regarder les enfants jouer, il ne comprend pas ma passion dévorante. Je vais au stade chaque week-end, j'assiste à des dîners, je voyage pour des matches, je vis des montagnes russes d'émotions et à chaque début de saison j'adore ressortir toute ma garde-robe aux couleurs des Swans… En Australie, une femme plus passionnée de sport que son mari bouscule les conventions, ce qui peut être difficile à comprendre pour certains.

La ligue féminine de football australien est récente. La suis-tu aussi ?

Je la regarde à la télé, mais je n'ai encore jamais assisté à des matches. La ligue est encore très jeune, les athlètes viennent d'autres sports, donc la différence technique entre les hommes et les femmes est visible. Cependant, avec l'argent qui est maintenant investi dans les académies pour les jeunes filles, les générations à venir sont très prometteuses. Dans dix ans, nous verrons arriver des joueuses qui auront grandi en jouant au football australien, et le niveau sera le même que pour le basketball féminin ou le tennis aujourd'hui. Et maintenant, les filles peuvent regarder des femmes jouer et se dire qu'elles peuvent faire pareil, qu'elles n'ont pas besoin de changer de sport passé un certain âge.

Qu'est-ce que tu aimes dans le fait de suivre le sport ?

La communauté. C'est le seul endroit où chacun partage la même passion et comprend la tristesse d'une défaite. C'est un cercle social à part, en dehors de la famille. Avec deux saisons sportives, j'ai un groupe d'amis pour suivre les Swans en hiver et un autre pour le cricket en été.

J'aime faire partie d'un club, voir comment ça marche de l'intérieur. J'adorerais travailler pour le club des Swans. Petite, je rêvais d'être joueuse professionnelle de hockey – c'est là que j'étais la meilleure – puis, au lycée, de faire partie de l'équipe médicale qui s'occupe de l'équipe sportive.

C'est ce que je dis à mes fils : la probabilité de devenir joueur professionnel est infime, donc ils ont besoin d'un plan B. Les grands clubs de football anglais sont de véritables industries, offrant de nombreuses opportunités. En explorant avec eux les offres d'emploi d'un club, je leur ai fait découvrir tout un univers.

Une dernière réflexion ?

Je pense que les gens ratent quelque chose s'ils n'ont pas une passion en dehors de leur vie quotidienne. Pour moi, c'est le sport qui me sort la tête du boulot, des factures, du stress quotidien… En Australie, le sport est très accessible, tout le monde peut en faire, tu n'as pas besoin d'être riche. Et ça ouvre des portes, surtout pour les enfants.

Mais il faut savoir relativiser. Même si la défaite des Swans en finale le mois dernier m'a dévastée, au bout du compte, ce n'est que du sport. Finalement, ils sont payés pour courir après un ballon. Ils ne sauvent pas des vies, ne fournissent pas de services essentiels, à part divertir. Il y a des gens qui font des choses bien plus importantes, comme les enseignants ou les infirmières, et qui devraient être mieux rémunérés. C'est injuste de voir les salaires astronomiques des joueurs professionnels… mais malgré tout, j'adore ça !

ÊTRE UN ANCIEN JOUEUR DE CRICKET PROFESSIONNEL

Le cricket est un sport directement importé de la mère patrie anglaise, comme c'est le cas dans le reste du Commonwealth. Deux équipes s'affrontent en lançant (*bowling*) et en frappant (*batting*) la balle à tour de rôle. L'équipe qui frappe a pour objectif de taper la balle le plus loin possible et de courir d'un bout à l'autre du *pitch*, le rectangle où la balle rebondit, pour marquer des points (*runs*), avant que la balle ne soit récupérée et rendue au lanceur par l'équipe adverse alors disséminée sur le terrain. En Australie, le cricket est un sport immensément populaire. Rien de plus australien que de passer les longues et chaudes journées d'été à regarder les matches de cricket de l'équipe nationale, dont le capitaine jouit d'un prestige immense. Pour comprendre ce que ce sport signifie de l'intérieur, je retrouve **Ryan Carters**, ancien joueur professionnel et fondateur de l'association caritative DadFit.

Comment en es-tu arrivé au sport et au cricket en particulier ?

Il y a cette photo de moi le jour de mes trois ans. Je suis en short à rayures, chaussettes et sandales, et je tiens ma nouvelle batte de cricket reçue le matin même. Enfant, j'adorais tous les sports et je rêvais d'être un athlète. Mais au lycée, le cricket était devenu ma priorité et les autres sports de simples amusements.

Il y a une certaine théâtralisation du cricket en Australie : tu le regardes à la télé depuis ta plus tendre enfance, tu connais les noms de tous les joueurs de l'équipe nationale, tu les vois connaître leur moment de gloire quand ils gagnent un match, mais aussi se blesser ou manquer une balle à un moment critique... J'étais attiré par ces histoires, et le fait que nous jouons contre les pays du Commonwealth entre lesquels il y a de grandes rivalités, alors que d'autres sports australiens n'ont pas la même dimension internationale.

Le cricket est également un défi mental. Si tu es un batteur, comme je l'étais, tu as une seule occasion par match de montrer ce que tu vaux. Tu peux passer toute la journée avec tes protège-tibias à attendre ton tour et soudain tu es sur le terrain, c'est ta chance. Certains jours tu es renvoyé en deux minutes, d'autres, tu frappes toute la journée. La plupart du temps tu sors du terrain démoralisé, mais de temps en temps tu sors en héros, et il y a quelque chose d'excitant à cela. Le cricket est à la fois un sport d'équipe et un sport individuel. Bien que chaque équipe compte onze joueurs, à tout moment, seuls le lanceur ou le batteur sont sous le feu des projecteurs. De fait, les performances individuelles sont autant observées que les dynamiques d'équipe.

Comment s'est déroulée ta carrière ?

J'ai commencé par jouer dans les championnats nationaux pour les moins de 15, 17 et 19 ans. Je viens de l'Australian Capital Territory, qui est un très petit territoire autour de Canberra, et mon rêve était d'être recruté par l'équipe professionnelle d'une grande ville. J'ai eu la chance à 18 ans de recevoir un appel du coach de l'équipe des Bushrangers : « *G'day* Ryan, c'est Shippy (Greg Shipperd), on veut t'offrir un contrat junior, que dirais-tu de faire tes bagages et de déménager à Melbourne cet hiver ? »

J'ai ensuite passé huit ans à jouer pour diverses équipes dans les deux championnats principaux en Australie : le Sheffield

Shield, qui est le format traditionnel de cricket qui dure quatre jours, et la Big Bash League, qui est un format plus récent où le match est condensé en trois heures. J'ai également joué pour les Cricket Australia XI, une équipe composée de onze joueurs prometteurs sélectionnés pour affronter les équipes nationales étrangères en tournée en Australie. C'était génial de jouer contre des superstars du cricket, et mon meilleur souvenir reste mon score de 209 *runs not out*, contre l'équipe néo-zélandaise. Pour le reste de ma carrière, le moment phare était de gagner le Sheffield Shield en 2013-2014 quand je jouais pour la Nouvelle-Galles du Sud. C'était ma meilleure saison, l'équipe était bien soudée et personne ne pouvait nous arrêter.

Le coach, c'était Trevor Bayliss, qui a depuis entraîné l'équipe d'Angleterre et d'autres équipes internationales. Il était très détendu, il nous disait « Les gars, vous êtes les meilleurs joueurs de l'État. Allez sur le terrain et je suis sûr qu'au fur et à mesure de la saison vos excellentes performances vont arriver. » Il ne mettait pas la pression à ses joueurs, au contraire il leur donnait confiance pour s'exprimer sur le terrain comme ils le voulaient. Il m'a permis de renouer avec mon amour d'enfance pour le jeu et il a créé un environnement exceptionnel pour notre équipe, où chacun croyait en soi et en ses coéquipiers.

Comment c'est d'être un joueur professionnel ?

D'un côté, c'est extraordinaire : tu es bien payé pour faire ce que tu as toujours adoré et tu as la chance de pouvoir te mesurer aux meilleurs joueurs de ton pays, voire du monde. Pour ne rien gâcher, les journées d'entraînement durent généralement de 8 heures du matin à 13 heures, donc tu as du temps pour faire autre chose. D'un autre côté, les matches génèrent une énorme pression. C'est excitant et gratifiant quand on transforme cette pression en bonne performance.

Mais lorsque les choses ne vont pas bien, c'est difficile. Tu dois revenir sur le terrain chaque semaine, donner le meilleur de toi-même, sans toujours parvenir à satisfaire les attentes. C'est un sentiment d'isolement que tous les athlètes professionnels connaissent.

Une carrière sportive comporte des hauts très hauts, et des bas très bas, et il était crucial pour moi de garder les choses en perspective. Ma meilleure saison fut celle où j'ai cessé de me mettre autant de pression sur mes performances. C'est également à ce moment-là que j'ai fondé mon association caritative, Batting for Change, qui fut une partie essentielle de ma vie pendant cinq ans. J'ai aussi étudié à l'université à temps partiel et coaché de jeunes joueurs. Ces activités m'ont apporté un équilibre et m'ont permis de ne pas faire de mon rôle sur le *pitch* toute mon identité.

C'est d'ailleurs pour cette raison que j'ai décidé de mettre un terme à ma carrière à 26 ans, alors que la plupart des joueurs professionnels continuent jusqu'à la trentaine. Quand j'étais jeune, le cricket était mon rêve, j'ai eu de la chance de pouvoir le vivre aussi longtemps. Mais en devenant adulte, je me suis aperçu qu'il était difficile de trouver le temps pour explorer mes autres centres d'intérêt, lesquels m'épanouissaient davantage que le cricket. C'était une décision très difficile, mais je savais que c'était la bonne, car je ne voyais plus mon avenir dans ce sport.

Peux-tu nous parler des deux associations que tu as créées, Batting for Change et aujourd'hui DadFit ?

Batting for Change avait pour mission d'égaliser les règles du jeu en matière d'éducation dans les pays jouant au cricket, en aidant financièrement des étudiants désavantagés dans des pays en développement. En tant que joueur, j'ai voyagé au Népal, en Inde et en Afrique du Sud, et la différence de niveau de vie entre ces pays et l'Australie est flagrante. J'ai vu dans le cricket une opportunité de lever des fonds car nous avons ce même amour du jeu qui relie nos cultures. L'association a trouvé des manières créatives et innovantes de le faire, par exemple en faisant promettre aux fans de donner une certaine somme à chaque fois que leur équipe marque un *six points* dans la saison. C'était une période de ma vie très gratifiante et épanouissante. En sport, parfois on gagne, parfois on perd… je me demandais souvent quel était le sens de tout cela, mais voir que le sport pouvait avoir un impact tangible sur la vie de certaines personnes en dehors du terrain était excitant, et j'ai adoré rencontrer les étudiants bénéficiaires de nos programmes.

DadFit est une initiative bien plus personnelle. À 22 ans, j'ai rencontré ma femme. Elle venait de devenir maman et j'ai donc fait la découverte de la paternité, une expérience que mes pairs ne connaissaient pas encore. Quand j'ai quitté le cricket quelques années plus tard, j'ai obtenu une bourse pour aller faire mon master à Harvard. Ma femme était alors enceinte de sept mois, nous étions loin de nos amis et de nos familles, et je plongeais dans une nouvelle carrière et une nouvelle identité avec des études intenses. Sans congé paternité, il m'a été difficile de trouver mes marques dans mon nouveau rôle de père de deux enfants. La santé mentale de ma compagne s'est dégradée, et il m'a fallu neuf mois pour réaliser qu'elle souffrait d'anxiété et de dépression post-partum. J'étais tellement focalisé sur moi que j'ai manqué le plus important : être là pour ma femme et mes deux filles. Je me souviens avoir fondu en larmes devant mes collègues, ressentant à la fois du regret de ne pas avoir été le père que je voulais être, mais aussi le soulagement d'avoir pris conscience de cela aussi tôt. Ça m'a poussé à réfléchir sur ce que signifie être un bon père aujourd'hui : en quoi cela diffère des générations passées, et comment nous pourrions mieux soutenir les hommes dans cette transition.

Donc j'ai fondé DadFit, une association caritative qui a pour mission de faire de la paternité un sport d'équipe. Car en parlant de mes problèmes avec d'autres pères que je connaissais, tous m'ont dit « Moi aussi ! » C'est une vraie catharsis que de savoir que tu n'es pas le seul, mais les hommes n'en parlent pas en Australie. Nous avons des groupes de mamans dans chaque localité, mais il n'y a rien de similaire pour les papas. Tout le monde s'accorde pour dire que les pères qui prennent leur rôle à cœur et s'occupent des enfants à égalité avec la mère est fantastique à la fois pour les enfants, pour l'égalité des sexes et pour les pères eux-mêmes, alors pourquoi n'avons-nous pas de systèmes en place pour les aider ? C'est un manque énorme que DadFit tente de combler. En deux ans, l'association a beaucoup grandi. Nous sommes désormais une organisation officielle, financée par les pouvoirs publics et des dons philanthropiques. Nous proposons des programmes à travers Melbourne et collaborons avec des employeurs pour soutenir les pères sur leur lieu de travail.

En un sens, tu as réussi à conjuguer sport et vie de famille ?

Ayant toujours fait du sport, j'ai tenu pour acquis le fait d'appartenir à une équipe jusqu'à ce que je devienne père. DadFit est une initiative visant à recréer cette communauté pour aider les pères à être les meilleurs possibles. Les sessions, qui consistent en une séance d'exercice physique en groupe suivie d'une discussion, s'inspirent de l'expérience sportive, où l'on joue d'abord avec son équipe avant de partager un moment convivial. Cette approche aide à renforcer les liens entre les pères, car les relations amicales ont tendance à se distendre avec l'arrivée des enfants.

Selon leur milieu familial, les enfants australiens peuvent grandir en pensant que le sport est la chose la plus importante au monde. Après ma carrière de joueur de cricket, je me suis interrogé sur la place du sport dans ma vie. Avec DadFit et la paternité, j'ai redécouvert son côté ludique – un moyen de s'amuser avec ses amis et sa famille. Aujourd'hui, j'apprécie de jouer au cricket au parc, de taper dans un ballon ou de pratiquer un sport pour le plaisir, en compagnie de mes amis ou de mes enfants. Cette capacité à rassembler les gens autour de l'exercice est, pour moi, l'un des aspects les plus beaux et les plus émouvants de la culture australienne.

CHAPITRE V

TILL LUCKY ? L'AVENIR DE L'AUSTRALIE

The Lucky Country : c'est ainsi que l'on surnomme l'Australie, d'après l'ouvrage éponyme du journaliste et universitaire Donald Horne paru en 1964. La citation longue est, quant à elle, souvent laissée de côté : « L'Australie est un pays chanceux dirigé par des personnes de seconde classe qui partagent sa chance. » Si l'auteur voulait ainsi évoquer la chance d'hériter d'une grande puissance telle que la Grande-Bretagne, on pourrait considérer que l'Australie est chanceuse à de plus nombreux égards. Ses ressources naturelles, comme ses minerais et ses paysages touristiques, lui ont garanti une croissance économique lui permettant de passer, en seulement deux cents ans, de colonie de bagnards à pays développé et attrayant. De fait, l'Australie a su bâtir une société économiquement prospère, politiquement stable et culturellement diverse et tolérante.

Ce succès ne relève pas seulement de la chance ; il repose en grande partie sur le pragmatisme australien, qui consiste à adopter et à combiner les bonnes idées, d'où qu'elles viennent. Celui-ci a permis aux institutions australiennes de perdurer depuis 1901, en mêlant système de Westminster, emprunts au modèle étatsunien (une Constitution écrite, une Cour suprême – nommée « Haute Cour » en Australie – et un Sénat représentant égalitairement les États) et innovations locales, comme le droit de vote obligatoire. C'est ce même pragmatisme qui a permis à la société australienne de combiner libéralisme économique et aspirations sociales depuis la modernisation de l'économie dans les années 1980 et 1990 par les travaillistes Bob Hawke et Paul Keating. Par exemple, l'Australie dispose aujourd'hui d'une assurance-maladie universelle financée sur l'impôt, d'un système de retraite par capitalisation et de prêts sans intérêt de l'État pour financer les études universitaires, que les jeunes actifs remboursent à partir d'un certain niveau de salaire. S'ajoutent à cela la capacité d'innovation des Australiens et l'interventionnisme sélectif de leur gouvernement. Par exemple, le faible nombre de fumeurs en Australie s'explique en partie par les fortes taxes sur le paquet de cigarettes (plus de 65 % de son prix de vente). Plus récemment, l'Australie a interdit les réseaux sociaux aux moins de seize ans en raison de leur caractère addictif et nocif.

Pour autant, les défis ne manquent pas pour la démocratie australienne. Elle est aujourd'hui menacée par la concentration de ses médias, en particulier dans les mains de l'homme d'affaires Rupert Murdoch. La filiale australienne de News Corp englobe près des deux tiers des journaux australiens et possède les principaux sites d'actualités consultés en ligne, alors que les financements du service public de l'information, l'Australian Broadcast Corporation, ont baissé ces dernières années. Quant à l'ambition sociale du libéralisme australien, son image a été sévèrement écornée par le récent scandale de la «dette-robot» : entre 2015 et 2019, l'administration en charge des minima sociaux a sollicité le remboursement de dettes inexistantes auprès de 400 000 personnes, menant plusieurs au suicide. Cette affaire, qui a donné lieu à une Commission royale (le plus haut niveau de commission d'enquête), a exposé une machine gouvernementale prête à tout pour récupérer indûment de l'argent en faisant pression sur les membres les plus vulnérables de la société.

Et les difficultés ne s'arrêtent pas là : la montée en puissance de la Chine, la dégradation de l'économie australienne et notamment la crise du logement, ainsi que le changement climatique sont autant de défis auxquels le pays doit à présent répondre pour assurer son avenir. Pour explorer ces questions, nous nous entretenons dans ce dernier chapitre avec des figures impliquées sur ces sujets dans le débat public.

ASSURER LA PROSPÉRITÉ ÉCONOMIQUE AUSTRALIENNE

Si l'Australie s'en sort économiquement mieux que de nombreux pays dans le monde, les dernières années n'ont pas été aussi glorieuses que les décennies qui les ont précédées. La croissance économique s'est affaiblie, le niveau de vie a baissé et le coût de la vie a considérablement augmenté. Le revenu disponible australien a ainsi baissé de 8 % entre mars 2022 et mars 2024, constituant la plus forte baisse des pays de l'OCDE. S'ajoutent à cela des craintes sur la manière dont de puissantes entreprises traitent leurs clients. En 2018, la Commission royale d'enquête dans le secteur financier a établi des fautes professionnelles graves commises par les banques envers notamment les personnes contractant des prêts. Plus récemment, dans le contexte de l'inflation post-Covid, ce sont les deux principales enseignes de grande distribution, parmi les plus rentables au monde, qui ont été accusées de prix abusifs et de tromper leurs clients – même si l'avis de l'autorité en charge de la concurrence est plus mesuré. Pour discuter des perspectives et des spécificités de l'économie australienne, je m'entretiens avec **Danielle Wood**, présidente de la Productivity Commission, une administration publique indépendante qui conseille le gouvernement fédéral sur les enjeux économiques. Ayant consacré toute sa carrière à comprendre comment améliorer la performance de l'économie australienne, Danielle est la personne idéale pour discuter des menaces et des opportunités auxquelles celle-ci fait face.

Comment en êtes-vous arrivée à une carrière à la frontière de l'économie et des politiques publiques ?

Au lycée, j'ai eu deux professeurs d'économie fantastiques qui ne se sont pas contentés de m'enseigner l'offre et la demande mais qui m'ont aussi montré l'impact de la discipline sur le monde, par exemple en discutant des implications du budget fédéral. J'ai alors compris que l'économie était essentielle pour prendre part aux grandes discussions sur l'avenir du pays. Après mes études, j'ai travaillé dans l'administration publique, puis dans des think tanks cherchant à influencer le gouvernement, et c'est toujours ce qui me plaît aujourd'hui.

Sommes-nous toujours aussi chanceux économiquement en Australie ?

Nous avons été chanceux pendant longtemps, et continuons de l'être à de multiples égards. Nous avons toujours l'un des revenus par habitant les plus hauts du monde, et nous avons un niveau de vie élevé. Dans l'ensemble, l'Australie est un pays prospère qui a réussi, à la fois grâce à la chance, avec un sol riche en ressources minières qui a propulsé l'économie ces dernières décennies, mais aussi par nos actions. Dans les années 1980 et 1990, nous avons mis en place des réformes majeures pour ouvrir et moderniser l'économie – réduction unilatérale des droits de douane, flottement du dollar, ouverture des infrastructures essentielles à la concurrence, réforme de notre système fiscal – qui ont toutes contribué à une forte croissance au cours de la décennie suivante.

Cependant, entre la crise de 2008 et la pandémie de Covid, la croissance australienne a été inférieure à celle des soixante années précédentes. Cela reflète une baisse de la productivité qui touche tous les pays développés, et dont l'Australie souffre aussi. Pour ce qui est de l'avenir, il est très difficile de distinguer les tendances économiques à l'heure actuelle car nous venons de vivre une période exceptionnelle entre le Covid et l'inflation. Pour moi, la vraie question est de savoir quelle sera notre trajectoire de productivité et de croissance une fois que nous nous serons remis de ces chocs.

À court terme, le déterminant principal sera les avancées technologiques comme l'intelligence artificielle. Pour en tirer profit, il faut avoir accès aux compétences nécessaires *via* notre système éducatif et la formation continue. Il faut aussi compter sur l'immigration pour importer les compétences que nous n'aurions pas sur notre sol. Nous sommes une destination très attrayante, avec une longue histoire d'intégration et une réelle fierté d'être une société multiculturelle, mais nous devons rendre nos procédures d'immigration plus simples et plus rapides. Le gouvernement y travaille, afin de lutter à armes égales avec les autres pays du globe pour attirer de nouvelles compétences. Enfin, la capacité technologique du secteur public sera cruciale pour améliorer les services à la population et créer un écosystème favorable à la prospérité du secteur privé. Par exemple, la couverture de la fibre, qui est toujours un problème dans certains endroits du pays, est essentielle pour que toutes les entreprises puissent bénéficier des nouvelles technologies.

La plus grande participation des femmes à l'économie sera également un facteur clé. Le principal levier pour y parvenir est un système de garde d'enfants accessible, car cela représente une grande barrière pour le retour des mères au travail. Le gouvernement a progressé, mais les coûts à la charge des familles restent encore élevés, en particulier pour les foyers les moins aisés, et des problèmes d'accès persistent, surtout en dehors des villes. L'autre barrière est le modèle genré de répartition des tâches, avec un père qui retourne au travail comme si de rien n'était, et une mère qui assume la majorité des tâches domestiques et l'éducation des enfants. Les représentations mentales sont déterminantes, tout comme les politiques publiques. Les congés parentaux payés par exemple, qui encouragent les pères à passer du temps avec leurs enfants durant les premières années, exercent une influence sur le reste de la vie. Cela envoie aussi le signal qu'il est acceptable et normal que le père prenne ce temps pour s'occuper de ses enfants, ce qui rend les négociations avec les employeurs plus faciles, et permet de modifier les normes culturelles avec le temps. Ce sont des réformes dont nous parlons depuis longtemps en Australie, mais nous n'y sommes toujours pas.

Quelles sont les spécificités de l'économie australienne ?

Outre l'importance de son industrie minière, une spécificité de l'Australie est sa forte concentration géographique : 90 % de la population vit sur 4 % du continent. Ceci explique en partie que 9 Australiens sur 10 sont employés dans le secteur tertiaire, car les services tendent à prendre le dessus dans les villes. Enfin, l'urbanisation s'est encore accentuée en raison de notre fort solde migratoire : au cours des vingt dernières années, notre population a augmenté plus rapidement que celle des pays industrialisés, et les nouveaux arrivants se concentrent souvent dans les villes déjà densément peuplées.

En conséquence, les infrastructures de transport et de logement n'ont pas suivi, c'est donc aujourd'hui un défi immense dans les grandes villes comme Melbourne et Sydney. Nous n'avons construit ni le nombre ni la densité de logements nécessaires, ce qui contraint les nouveaux arrivants à s'installer en périphérie des villes et entraîne une hausse des prix. Les plus jeunes, qui essaient d'accéder à la propriété immobilière, doivent faire face à des temps de transport plus longs et donc des choix difficiles en matière de travail ou de logement.

Quid de la Chine, premier partenaire commercial ?

L'Australie est économiquement très intégrée avec l'Asie-Pacifique, et en particulier avec la Chine, qui est en effet notre principal partenaire commercial. Cette relation a grandement contribué aux revenus et à la croissance de l'économie australienne, notamment grâce à nos exportations de minerai de fer. Avec le ralentissement économique de la Chine, nous ne pouvons plus nous attendre à la même croissance dans ces secteurs.

Cependant la préoccupation principale réside dans la posture beaucoup plus affirmée de la Chine sur la scène internationale et les risques qui en découlent, à la fois pour nos exportations et pour l'implication d'entreprises chinoises dans les chaînes de valeur de nos importations essentielles. Tous les pays du monde réfléchissent à cette question à l'heure actuelle : doit-on rapatrier certaines activités essentielles sur le territoire national ? Ou favoriser le *friendshoring*, c'est-à-dire trouver de nouveaux partenaires économiques chez ses alliés géopolitiques pour remplacer ces chaînons ? Étant donnée la petite taille de l'économie australienne, rapatrier ces activités sur notre sol serait trop coûteux pour de nombreux secteurs. Il est plus probable que nous essayions de trouver des pays à moindre risque géopolitique pour satisfaire notre demande de biens et de services essentiels.

Le sujet des exportations est une question spécifiquement australienne en raison de l'importance du marché chinois pour celles-ci. Depuis quelque temps, les producteurs australiens tentent de diversifier leurs débouchés. Par exemple, lorsque la Chine a instauré des droits de douane sur divers produits australiens comme le vin, le bœuf ou l'orge, les producteurs se sont aperçus qu'ils avaient globalement réussi à réorienter leur production, sauf pour le secteur du vin, qui a accusé le coup. Cet épisode nous a montré que nous pouvions nous passer de nos partenaires chinois, et ce, plus tôt que si les droits de douane n'avaient pas été mis en place !

Et en ce qui concerne la concentration de l'économie australienne ?

L'Australie est un marché concentré, en partie pour des raisons d'échelle. Avec seulement 26 millions d'habitants, cela conduit à un petit nombre de grands compétiteurs dans les secteurs où la taille du marché importe. Mais la question est également de savoir si nous avons les politiques adéquates.

Par exemple, les grandes marques de supermarchés ont acheté des magasins individuels. Les montants étaient, pris individuellement, trop faibles pour déclencher un contrôle de la concurrence ; mais l'effet cumulé au fil des ans a été de consolider la domination des deux principales enseignes. Le gouvernement consulte actuellement sur ces règles de fusion pour éviter les monopoles, et je siège au comité consultatif du groupe de travail du Trésor sur ce sujet.

Un dernier commentaire ?

Sur la question de la transition écologique et énergétique, nous avons des réserves importantes d'énergie renouvelable comme le soleil et le vent, ce qui ouvre de nouvelles opportunités dans une économie verte. Nous avons également les métaux essentiels qui seront utilisés pour la transition, comme le lithium et le cobalt. Nous avons connu plusieurs périodes de prospérité dans notre histoire, et celle-ci pourrait bien être la prochaine.

ENGAGER L'AUSTRALIE DANS LA TRANSITION ÉNERGÉTIQUE

L'Australie, bien qu'elle soit le continent peuplé le plus sec au monde – donc particulièrement vulnérable aux effets du changement climatique –, n'est pas réputée pour être l'un des pays les plus actifs dans l'atténuation de ce dernier. Et pour cause : elle est l'un des plus gros émetteurs de gaz à effet de serre de la planète, et a historiquement traîné les pieds pour engager une transition d'ampleur. En 1997, à Kyoto, le Premier Ministre John Howard négocie âprement ce qui restera sous le nom de « clause Australie », qui autorise l'inclusion des émissions de l'utilisation des sols et des forêts. Ceci permet au pays, qui a beaucoup défriché dans les années 1980, de « réduire » facilement ses émissions en reboisant. Entre 2005 et 2023, les émissions australiennes ont baissé de plus de 30 % si l'on inclut l'utilisation des sols et forêts, mais seulement de 3 % sans cela. Ces systèmes de compensation carbone ont été critiqués, notamment pour leur manque d'additionnalité. Cela conduit les experts à douter de la possibilité d'atteindre l'objectif de réduction de 43 % des émissions d'ici 2030. Cependant, l'Australie observe aussi des signes encourageants. Bien que son électricité provienne encore majoritairement des énergies fossiles, la part des énergies renouvelables a fortement augmenté ces quinze dernières années. L'entreprise SunCable, dirigée par le milliardaire et activiste écologiste Mike Cannon-Brookes, a le projet de construire la plus grande centrale solaire au monde dans le désert du Territoire du Nord pour fournir de l'électricité aux villes de Darwin et de Singapour.

Le potentiel énergétique de l'Australie dans la transition est au cœur de l'expertise de **Ross Garnaut**, économiste spécialisé dans le développement et auteur de deux rapports clés, en 2008 et 2011, pour la politique climatique australienne. Dans son livre *Superpower*, paru en 2019, Ross démontre que le pays a un intérêt économique à entreprendre cette transition, et il continue de consacrer son énergie dans ce but. Il a ainsi cofondé un nouveau think tank sur les questions climatiques, énergétiques et économiques, et quelques jours après notre entretien, son entreprise Zen Energy a annoncé un projet de pompage-turbinage au lac Burragorang, près de Sydney.

Qu'est-ce qui vous a conduit à travailler sur les enjeux économiques du changement climatique ?

Dans les années 2000, j'étais au conseil d'administration de l'Institut international de recherche sur les politiques alimentaires. Le changement climatique était alors la plus grande menace pesant sur la sécurité alimentaire des pays en développement. C'est comme ça que j'y ai été sensibilisé.

En 2007, les États fédérés australiens, mécontents que le gouvernement fédéral n'ait pas signé le protocole de Kyoto, m'ont commandité un travail sur le changement climatique et la possibilité d'introduire un marché des titres d'émissions. Ils ont été rejoints par le gouvernent fédéral lorsque le travailliste Kevin Rudd est devenu Premier Ministre fin 2007. Donc mon rapport de 2008 est adressé au Premier Ministre et aux chefs des États fédérés. Et quand on s'implique sur un sujet aussi important, on continue !

À ce moment-là, nous avions le soutien de tous les gouvernements australiens. Je discutais fréquemment avec le chef de l'opposition, Malcolm Turnbull, qui m'a garanti à son tour le soutien de son parti à un projet de loi fondé sur mes recommandations. Cependant, un jour avant que le texte n'arrive au Sénat, Tony Abbott a utilisé ce sujet pour contester et obtenir le leadership du parti libéral – d'une seule voix ! Le texte n'a donc jamais été adopté.

J'ai mis de côté la question du changement climatique pendant un certain temps. Puis, en 2010, les élections ont conduit à un parlement sans majorité. Les deux indépendants sur qui reposait le choix du Premier Ministre ont exigé la prise au sérieux du changement climatique et la mise à jour de mon rapport. Julia Gillard a conclu un accord avec les Verts, est devenue Première Ministre, et a formé un comité transpartisan sur le changement climatique, qu'elle présidait.

J'ai actualisé mon travail de 2008, et c'est devenu mon deuxième rapport, celui de 2011. Le comité fonctionnait de la façon suivante : il se réunissait toutes les deux semaines et recevait un papier de ma part sur un point particulier, qu'il débattait avant de prendre une décision. Ce comité détenait la majorité dans les deux chambres du parlement et ainsi, fin 2011, toutes mes recommandations étaient devenues lois ! Pendant deux ans, l'Australie avait la meilleure politique climatique et énergétique au monde.

Nous avions institué un prix fixe du carbone, dont il était prévu qu'il devienne flottant quelques années plus tard, et un objectif d'énergie renouvelable, qui jouait un rôle majeur à l'époque mais qui serait devenu bientôt obsolète à mesure que le prix du carbone augmenterait. Nous avions créé l'Agence des énergies renouvelables (Arena), la Caisse de financement de l'énergie propre (CEFC) et l'autorité du changement climatique, et pendant deux ans tout ceci a parfaitement fonctionné ! J'étais le premier surpris. Les émissions de gaz à effet de serre ont diminué exactement au rythme prévu, soit moins 8 % par an, et ce sans perturber le secteur privé. L'inflation était celle que nous avions prédite, et les compensations pour les faibles revenus étaient financées par le prix du carbone. Mais pour le gouvernement de Tony Abbott, élu en 2013, c'était devenu une question idéologique et tout a été démantelé.

Après cette nouvelle déception, je me suis tourné vers le secteur privé pour comprendre ce qui pouvait être fait, même avec de mauvaises politiques publiques. J'ai partagé de nombreux dîners avec des PDG et des présidents de conseils d'administration, mais aucun d'eux ne voulait agir. Ils se réjouissaient que le changement climatique ne soit plus une priorité ! Avec un ami, nous avons donc créé Zen Energy pour poursuivre l'objectif de la neutralité carbone en Australie.

Quelle est la position australienne face au changement climatique ?

Mon concept de «superpouvoir» a changé le narratif autour de la transition énergétique. À l'époque de mes deux premiers rapports, l'idée était de subir une perte de revenus initiale pour éviter un coût bien plus élevé à long terme, celui du changement climatique. En d'autres termes, nous serions plus pauvres pendant quelques décennies, mais les générations futures en bénéficieraient. Cela restait néanmoins très intimidant, étant donné que nous sommes le premier exportateur mondial de gaz et de charbon réunis. Une grande part de notre prospérité en dépend.

Or, dans les années qui ont suivi, il est devenu clair pour moi que ce récit n'était plus d'actualité. Nous sommes si riches en énergie renouvelable qu'à mesure que le monde, et en particulier l'Asie du Nord-Est, passe à la neutralité carbone, les bénéfices que l'Australie retirera en leur fournissant de l'énergie seront encore plus grands que dans le monde fossile actuel! Naturellement, avec nos ressources solaires et éoliennes, nous resterons le fournisseur d'énergie du Japon, de la Chine, de la Corée, voire de l'Europe. J'ai formulé ce récit pour la première fois en 2015 lors d'une leçon publique à l'université d'Adelaïde, et j'y ai travaillé depuis en publiant mon livre *Superpower* en 2019, et en établissant récemment le Superpower Institute. Le travail de ce think tank montre qu'il est impossible pour l'Asie du Nord-Est (et probablement pour l'Europe aussi) d'atteindre la neutralité carbone sans importer une grande quantité d'énergie renouvelable. La manière la plus efficace de le faire est d'importer des biens fabriqués à partir de cette énergie.

Dès maintenant, nous avons la capacité de remplacer le charbon et le gaz dans notre économie. Pour les citoyens ordinaires, cela devrait être un véritable soulagement. Je vais même plus loin: à l'heure actuelle, le niveau de vie des Australiens diminue, et le «superpouvoir» renouvelable pourrait bien être la solution à ce problème, tout en répondant à celui du changement climatique! J'aimerais aider les Australiens à comprendre ça afin de mettre fin aux errances des dix dernières années.

Que faut-il que l'Australie fasse pour se saisir de ce superpouvoir ?

Nos atouts sont tellement importants que, même avec des politiques publiques incohérentes, comme les neuf années de gouvernement libéral que nous venons de traverser, l'Australie possède la plus grande proportion d'électricité générée par le solaire et l'éolien parmi les pays développés, et de loin ! Cela a le mérite de nous donner des prix de l'électricité bien plus bas que si nous avions gardé seulement les énergies fossiles. Les prix sont très bas lorsque l'énergie renouvelable est disponible, mais augmentent quand nous dépendons du charbon et du gaz, notamment le soir, lorsque les gens rentrent du travail, juste au moment où le soleil se couche. Avec le temps, ces périodes de prix élevés seront corrigées par le stockage de l'excédent d'énergie de la journée dans des batteries, ce processus est déjà en cours.

La transition en Australie nécessitera de bien distinguer les rôles de l'État et du marché. Nous avons besoin d'une excellente planification pour les monopoles naturels que sont la transmission d'électricité et le transport et stockage de l'hydrogène. Au contraire, le marché est mieux placé là où il peut y avoir de la concurrence, comme dans la production d'électricité, à condition qu'un prix du carbone compense l'externalité négative des émissions de gaz à effet de serre.

Enfin, concernant les futures exportations, il faut absolument que l'Australie puisse bénéficier d'un accès gratuit au marché européen sous le mécanisme d'ajustement carbone aux frontières (MCAF). La taxe carbone que nous proposons *via* le Superpower Institute remplirait cette condition.

Existe-t-il des obstacles à ce superpouvoir ?

L'acceptation sociale est souvent considérée comme un obstacle, mais je ne partage pas ce point de vue. Je passe beaucoup de temps dans le *bush*, et ses habitants soutiennent les industries neutres en carbone, à condition que cela apporte des bénéfices locaux, comme des emplois, et pas seulement des lignes électriques qui passeraient au-dessus de leurs têtes afin d'alimenter les grandes villes. À Barcaldine, Zen Energy développe une zone industrielle alimentée par des énergies renouvelables, qui malgré sa modeste taille a considérablement réduit le chômage local.

À terme, le superpouvoir australien occupera 0,5 % du continent, ce qui signifie que les agriculteurs ne voulant pas d'éoliennes sur leurs terres ne seront pas contraints d'en avoir (même si ces projets pourraient diversifier leurs revenus en période de sécheresse). L'acceptation sociale dépendra du partage des bénéfices et de l'implication réelle des communautés dans la gouvernance.

Par ailleurs, les taux d'intérêt élevés ne constituent pas un obstacle durable. À long terme, je pense qu'ils devraient redescendre à des niveaux très bas, car l'équilibre entre l'épargne et l'investissement a changé. Leur niveau actuel est une conséquence de l'inflation post-Covid. Même s'ils restaient élevés, cela renchérirait la transition énergétique sans pour autant désavantager l'Australie, puisque tous les pays en subiraient les coûts. Cela pourrait même renforcer l'avantage compétitif australien.

Enfin, l'essor des technologies de capture du carbone est souvent perçu comme crucial, mais la transition ne repose pas sur leur succès. Bien qu'elle fonctionne techniquement, la capture du carbone est extrêmement coûteuse et n'est donc viable que sur des sites proches d'industries polluantes. Dans la plupart des cas, les coûts seront trop élevés, renforçant ainsi la dépendance de l'Europe et de l'Asie du Nord-Est au « superpouvoir australien », car stocker le CO_2 à grande échelle est irréaliste.

GARANTIR UN LOGEMENT POUR TOUS

L'immobilier pourrait être considéré comme un sport national en Australie. Selon le discours de 1942 du Premier Ministre Sir Robert Menzies, posséder une maison et un jardin où se retrouver entre amis incarne le cœur du rêve australien. Or aujourd'hui, l'accès de plus en plus difficile à la propriété immobilière constitue un véritable problème d'équité intergénérationnelle. De fait, le prix moyen d'une maison a été multiplié par cinq entre 1993 et 2018, et celui d'un appartement par quatre. En Nouvelle-Galles du Sud, le prix médian d'un logement atteint 1,2 million de dollars, le plus élevé du pays. En aménageant des niches fiscales pour la propriété immobilière, les réformes libérales des années 2000 ont fait de la pierre un investissement financier d'autant plus rémunérateur compte tenu des prix croissants ; quant aux subventions des gouvernements successifs pour aider les jeunes à acheter, ils ont encore poussé les prix vers le haut. Il n'est donc pas surprenant que les ménages australiens soient parmi les plus endettés au monde, à plus de 200 % de leur revenu net disponible en moyenne. Ce qui pose un problème de stabilité économique : les crédits immobiliers étant à taux variables, les petits bailleurs privés qui composent la majorité des propriétaires australiens sont à la merci des taux d'intérêt qui peuvent considérablement renchérir leur investissement. Et si les prix immobiliers venaient enfin à baisser, ce qui serait une bonne nouvelle pour l'accès au logement, ces bailleurs pourraient se retrouver prisonniers d'un prêt d'un montant supérieur à la valeur de leur bien. Pour comprendre comment tout ceci affecte les habitants et ce qui peut être fait, je rencontre dans son bureau **Trina Jones**, commissaire au logement locatif auprès du gouvernement de Nouvelle-Galles du Sud. Ce poste a été créé en août 2023 pour enrayer la crise du logement qui frappe actuellement la population.

Comment en êtes-vous arrivée à une carrière dans le secteur du logement en Australie ?

J'ai grandi dans un logement social à Galway, en Irlande, avant de bénéficier d'une bourse pour suivre une licence à Dublin, à l'autre bout du pays. C'est à ce moment que j'ai découvert le développement communautaire, un domaine que j'ai continué d'étudier en master. L'idée de pouvoir travailler avec d'autres pour soutenir les quartiers les plus défavorisés tout en étant rémunérée, ça me semblait trop beau pour être vrai ! Mais étant diplômée lors de la crise de 2008, rester en Irlande ou au Royaume-Uni signifiait probablement me retrouver au chômage. Or, j'avais étudié les « Générations volées » et j'étais très sensible aux injustices subies par les Aborigènes et les Insulaires du détroit de Torrès. Je voulais contribuer à améliorer leurs droits fondamentaux.

J'ai déménagé en Australie-Occidentale et j'ai travaillé dans un service d'aide aux jeunes Aborigènes qui ne bénéficient plus de l'aide sociale à l'enfance à Perth et courent alors le risque de se retrouver sans toit. Nous parcourions tout l'État pour les reconnecter avec les services d'aide et avec leur famille, au sein de leur communauté. Ce poste a été une expérience marquante pour moi. Je passais une à deux semaines par mois dans des villes minières et au sein de communautés aborigènes isolées. J'ai beaucoup appris de mes collègues sur les protocoles culturels et sur la manière de tisser des relations. J'ai pris conscience des défis auxquels l'Australie doit faire face et de l'importance de garantir un logement sûr et accessible pour tous.

Je suis ensuite retournée à Londres, attirée par les Jeux olympiques de 2012 et par l'opportunité d'être plus proche de chez moi. Je suis arrivée juste après les émeutes de 2011, qui ont fracturé tant de quartiers. J'ai pris un poste à Stratford East London, au pied du village olympique. Je gérais un *community hub* : nous faisions de tout, de l'organisation d'activités après l'école à la mise en place de programmes pour éviter aux jeunes défavorisés de rejoindre des gangs, sans oublier la gestion des retombées des Jeux en matière de logement. J'ai adoré faire partie de cette communauté, et j'aurais voulu y rester, mais je suis tombée amoureuse d'un Néo-Zélandais, alors nous avons déménagé à Sydney.

J'ai commencé à travailler dans le secteur des services aux sans-abris, d'abord au sein de la Young Women's Christian

Association, une association nationale spécialisée dans le soutien aux femmes, puis pour la ville de Sydney. J'ai ensuite rejoint Homelessness NSW, l'organisation qui lutte contre le mal-logement en Nouvelle-Galles du Sud, où j'ai travaillé à renforcer les capacités des individus et des systèmes pour mettre fin au sans-abrisme. Par la suite, je suis devenue la première commissaire pour la location de Nouvelle-Galles du Sud, un poste récemment créé auprès du gouvernement.

Quelle est la situation en matière de logement en Nouvelle-Galles du Sud ?

C'est la crise : les prix et les loyers sont si élevés que les gens ont du mal à se loger. Aujourd'hui, 30 % des sans-abris ont un emploi. Il faut en moyenne douze ans pour économiser suffisamment pour accéder à la propriété. Pendant ce temps, sur le marché locatif, les gens déménagent en moyenne tous les dix-huit mois, ce qui peut coûter jusqu'à 4000 dollars à chaque fois.

Cette situation vient en partie de décennies d'inaction dans la construction de logements. Après la Seconde Guerre mondiale, le gouvernement australien avait massivement investi dans le logement, y compris social. La volonté était de rebâtir l'économie par la base, en donnant un toit et un travail aux gens. Cependant, la ligne gouvernementale était de privilégier la propriété immobilière. En effet, de nombreux logements sociaux ont été achetés par leurs locataires – ce qui est une excellente nouvelle pour eux – mais le parc locatif n'a jamais été renouvelé. Aujourd'hui, en Nouvelle-Galles du Sud, moins de 4 % des locations sont des logements sociaux, contre environ 17,5 % au Royaume-Uni. Nous avons donc sous-investi dans le logement social, et ceux qui tombent entre les mailles du filet doivent se tourner vers le marché locatif privé. Or, ce marché ne s'adresse pas aux locataires ayant de faibles revenus. Ici, le logement est perçu non pas comme un service essentiel mais comme un actif destiné à construire son patrimoine financier pour sa retraite ou pour ses enfants. Avec la hausse continue des prix de l'immobilier, il y a des plus-values énormes qu'il est difficile de contrecarrer. En même temps, prétendre que «les prix doivent baisser» est compliqué quand les gens y ont mis toutes leurs économies.

Certains bailleurs très endettés peinent à joindre les deux bouts, surtout avec la remontée des taux d'intérêt, et ça a des répercussions sur le marché locatif. La majorité des bailleurs sont des familles qui espèrent un retour sur investissement grâce à la plus-value réalisée lors de la revente de leurs biens. En conséquence, ces bailleurs restent sur le marché pour une courte période, en moyenne moins de dix ans en Nouvelle-Galles du Sud, et souvent moins de six ans à Sydney. Cela dégrade la qualité du parc locatif, car peu souhaitent investir dans un bien qu'ils comptent revendre rapidement. L'intérêt des locataires passe souvent au second plan face à ces considérations financières, bien que celles-ci soient importantes.

Que faudrait-il faire ?

Il faut en premier lieu accroître l'offre de logements sociaux. Or, le secteur privé n'a aucune incitation à agir en ce sens. Il faut donc l'encourager, par exemple *via* le zonage inclusif, qui prévoit que toute parcelle à développer doit avoir une infrastructure sociale. C'est précisément l'objectif des récentes réformes gouvernementales visant à augmenter le nombre de logements abordables. Il est essentiel de maximiser ce potentiel pour offrir des logements à tous. C'est obligatoire à Londres, qui a des prix fonciers comparables à ceux de Sydney, et aucun promoteur n'a encore fait faillite.

En réalité, cela prendra probablement cinq ans avant que nous voyions ces nouveaux logements arriver sur le marché. À cause de la pandémie, nous devons faire face à des délais supplémentaires dans la provision de logements dû au manque de main-d'œuvre et de la hausse des prix des matériaux. Donc, même en ayant planifié les logements adéquats, ce qui est déjà un défi en soi, nous ne pouvons toujours pas garantir leur construction.

Enfin, il faudrait une plus grande diversité de types de propriétaires et bailleurs et de l'offre de logements pour assurer un accès au logement pour tous. Nous manquons d'acteurs sociaux et institutionnels proposant des locations de long terme. Les propriétaires individuels ont un rôle à jouer mais ne peuvent pas porter l'ensemble du marché locatif.

Quel est votre rôle en tant que commissaire au logement locatif ?

Mon objectif est de moderniser et d'améliorer le marché locatif en Nouvelle-Galles du Sud. Mon attention se porte sur trois aspects essentiels : la justice, la qualité et l'accessibilité des prix.

D'abord une plus grande justice dans les relations entre les propriétaires et les deux millions de locataires, qui représentent un tiers de la population de Nouvelle-Galles du Sud (et 60 % à Sydney). À l'heure actuelle, les locataires vivent dans l'insécurité permanente et ne peuvent pas faire de leur logement un véritable foyer. Ils peuvent être expulsés à court terme sans qu'aucune raison ne soit invoquée et ils doivent demander l'autorisation pour peindre ou même installer des équipements de sécurité pour les enfants… Même si les propriétaires ne peuvent refuser sans raison valable, ils peuvent toujours ignorer ces demandes. Donc il faut ensuite aller au tribunal, ce qui est stressant pour tout le monde.

Ensuite, la qualité des logements. Certains logements loués sont insalubres, ils ne devraient pas être sur le marché. Récemment, un locataire m'a contactée parce que son propriétaire avait remplacé une fenêtre cassée par du PVC, sans que cela ne constitue une violation des règles de location. Nous essayons donc de combler ces vides juridiques et d'améliorer les standards minimums. Je suis très sensible aux standards d'efficacité énergétique – il y a plus de personnes qui meurent de froid en Australie qu'en Suède. Les maisons ici sont de vraies passoires thermiques : coûteuses à chauffer en hiver, tandis qu'en été les gens vont dans les grandes surfaces pour profiter de la climatisation. Je travaille également en étroite collaboration avec le commissaire à la construction, en charge de la qualité du nouveau bâti en Nouvelle-Galles du Sud, car nous avons un défi supplémentaire : on estime que 40 % des immeubles sont défectueux.

Enfin, l'accessibilité financière. Nous testons ce que je crois être une première mondiale : une caution portable, qui peut, d'un seul clic, être transférée d'un logement à l'autre. Cela permet aux locataires de déménager plus facilement et d'améliorer leur trésorerie tout en maintenant l'intégrité du système de caution pour les propriétaires.

Un dernier commentaire ?

Étant moi-même issue d'une communauté désavantagée, je comprends tout à fait ce qu'avoir un toit sur la tête signifie. Mettre quelqu'un à l'abri peut changer sa vie, celle de ses enfants et de sa communauté. Aujourd'hui, je suis parfois dans des réunions où certains tiennent un discours sur les logements sociaux sans comprendre la réalité de ceux qui y vivent. Mon expérience m'aide à conduire le changement pour assurer un logement décent et de qualité pour tous.

FAIRE FACE À LA MONTÉE EN PUISSANCE DE LA CHINE

En 2021, la rupture du « contrat du siècle » des sous-marins de Naval Group a eu l'effet d'une bombe dans la relation franco-australienne, démontrant l'importance des réflexions stratégiques autour de la défense de l'île-continent. On pourrait penser que la situation géographique de l'Australie la laisse à l'écart des troubles géopolitiques. S'il est vrai que Pékin est plus proche de Paris que de Sydney, cela n'empêche pas l'Australie de se trouver en plein dilemme avec la Chine. Premier partenaire commercial (35 % des exportations australiennes ; 21 % des importations), la Chine est aussi une menace pour la démocratie australienne, notamment *via* sa diaspora et ses étudiants. Avant que les donations étrangères aux partis politiques ne soient interdites en 2019, la Chine se taillait la part du lion avec 80 % des donations étrangères aux deux partis principaux, amenant le chef de l'agence de contre-espionnage à parler de « menace existentielle » pour l'Australie. Les investissements chinois, comme le port de Darwin ou le nouveau bâtiment de l'université technologique de Sydney, sont également légion. Les tensions sous-jacentes entre les deux pays sont devenues visibles en 2020 avec la publication des « 14 doléances » exigées par la Chine, incluant des demandes comme l'annulation du bannissement de Huawei de la couverture 5G australienne. En avril 2022, le ministre australien de la Défense annonçait qu'il fallait se préparer à une guerre avec la Chine, dont la montée en puissance la place désormais comme deuxième budget militaire mondial derrière les États-Unis. Bien que le parti travailliste, désormais au pouvoir, ait historiquement adopté des positions plus favorables envers la Chine, les préoccupations géopolitiques demeurent quant aux manœuvres chinoises en mer de Chine du Sud et dans l'Indopacifique. Pour en discuter, je retrouve chez lui **Paul Monk**, ancien analyste dans le secteur du renseignement et chroniqueur régulier dans le journal *The Australian* sur les sujets de défense. Il est également auteur de *Silence from the Thunder Zone. Rethinking China*, paru en 2004 et réédité en 2023.

Comment en êtes-vous arrivé à écrire sur les relations internationales?

J'ai fait des études d'histoire européenne (antique, médiévale et moderne) avant de faire ma thèse sur la stratégie américaine de contre-insurrection en Amérique latine et en Asie du Sud-Est durant la guerre froide. Puis j'ai eu l'opportunité de travailler à la Defence Intelligence Organisation (DIO) sur la Chine, le Japon et la Corée. Nous étions en 1990, et l'ascension de l'Asie du Nord-Est représentait à la fois l'avenir de l'Australie, et le mien. Après quelques années, je suis devenu le chef du bureau chargé de la Chine. J'ai alors demandé à être envoyé sur place pour apprendre la langue et améliorer mes analyses. Ma demande a été refusée, alors j'ai quitté le service.

J'ai ensuite monté ma boîte de conseil et de formation. Mes premiers clients étaient l'Australian Security Intelligence Organisation (ASIO), qui s'occupe du renseignement intérieur, et la CIA, car j'avais entretenu des relations avec ces deux organisations dans mes fonctions précédentes. Par ailleurs, comme j'avais désormais la possibilité de m'exprimer publiquement, on me demandait de partager mes analyses à la télévision et dans les journaux. Ainsi, au moment même où je quittais les services de renseignement, la réputation de la qualité de mes analyses grandissait! Alors, en 2004, j'ai publié un livre sur la Chine que je considère toujours comme révolutionnaire. Il possède à la fois la liberté de ton que ne peuvent pas avoir ceux qui ne veulent pas offenser le Parti communiste chinois (PCC) et la vue d'ensemble qui manque souvent aux chercheurs spécialisés. La seconde édition de ce livre est parue l'an dernier et les deux dernières décennies ont donné raison à mon analyse. Contrairement à ce que l'on pensait, la prospérité économique de la Chine n'a pas mené à sa libéralisation mais à la radicalisation de sa dictature. Si la Chine devenait ce qu'elle aspire à être, cela transformerait radicalement notre environnement stratégique et économique, sans précédent dans l'histoire moderne de l'Australie.

C'est ainsi que je suis devenu un intellectuel engagé dans le débat public, sans être le porte-parole d'un parti, d'une entreprise ou d'un quelconque consensus académique. J'ai la chance d'occuper cette place unique. Comme je ne représente que moi-même, je peux dire ce que je pense, et l'on m'invite à des conférences précisément pour cette raison.

Quelle a été la ligne de défense historique de l'Australie ?

Jusqu'à la Seconde Guerre mondiale, l'Australie se voyait comme faisant partie de l'Empire britannique, même si elle disposait d'un gouvernement autonome depuis 1901. Toute guerre britannique était également une guerre australienne. Mais l'attaque japonaise de Pearl Harbor et la blitzkrieg en Asie du Sud-Est ont changé la donne. Les Britanniques, occupés en Europe, ont perdu Singapour. C'est la colossale machine de guerre américaine qui nous a permis de rétablir la situation.

Sous la guerre froide, la menace étant le communisme, nous avons naturellement fait partie de l'alliance américaine pour garder l'expansion de ce dernier sous contrôle : c'était la guerre du Viêt Nam. Après elle, Nixon a annoncé la doctrine Guam, c'est-à-dire que le fait que les alliés américains allaient devoir prendre plus de responsabilités pour assurer leur propre défense. Mais, à cette époque, la Chine n'avait pas les mêmes capacités militaires qu'aujourd'hui. L'Indonésie de Suharto était assez stable et alignée avec l'Australie, donc nous pensions que nous avions le temps de réfléchir à une défense viable. Avec le renseignement américain auquel nous avions accès *via* l'alliance de renseignement Five Eyes, nous croyions que nous aurions toujours le luxe d'avoir au moins une décennie de préavis pour nous armer plus lourdement si cela devenait nécessaire.

Et aujourd'hui ?

Le 11 septembre et l'ascension de la Chine nous ont confrontés à de nouvelles menaces, qui trouvent toutes deux leurs origines dans la première guerre du Golfe (1990-1991). À l'époque, j'étais au DIO, et il était évident que la Chine observait attentivement ce qui se passait. La puissante machine militaire de Saddam Hussein a été balayée en un rien de temps par les Américains. Les Chinois, voyant cela, ont compris qu'ils devaient moderniser leur défense pour éviter le même sort en cas de guerre contre les États-Unis. En effet, Deng Xiaoping avait fait du développement économique la priorité des années 1980, au détriment de la sécurité nationale. Mais il y a une différence entre modernisation et montée en puissance militaire – celle de la Chine étant la plus rapide et la plus complète en temps de paix du XXIe siècle. C'est cela qui est inquiétant. Nous avons vu les actions de la Chine en mer de Chine méridionale, contre Taïwan, le Japon, les Philippines… Il est clair que la Chine a l'intention d'utiliser cette capacité militaire et, si nécessaire, à grande échelle.

Ce n'est pas tout. Pour ne parler que d'un point de vue professionnel, je salue l'influence remarquable que la Chine a réussi à établir en Australie ; en tant que citoyen, elle m'inquiète. Il y a des figures politiques de tout bord qui prennent le parti de la Chine. Daniel Andrews, par exemple, ancien Premier Ministre du Victoria, a créé une société de conseil avec son ancien conseiller pour la Chine, qui est lui-même chinois, et très probablement une taupe pour le PCC. Le président de l'orchestre symphonique de Melbourne est également un membre du PCC ; *Al-Jazeera* a enquêté sur lui récemment. Et bien sûr, l'ancien Premier Ministre australien Paul Keating, qui dit des choses absolument honteuses. De plus, Pékin exerce une grande influence sur les universités australiennes en raison du nombre d'étudiants chinois qu'elles accueillent. Drew Pavlou, par exemple, un jeune activiste des droits de l'Homme, a été expulsé de l'université du Queensland pour organiser des manifestations sur la répression de Hong Kong. Mais les étudiants chinois qui ont perturbé ces manifestations, eux, n'ont pas été inquiétés. Pour moi, c'est une disgrâce absolue, mais c'est représentatif de la situation actuelle.

Que fait et que peut faire l'Australie face à cette menace ?
Contrer une telle influence est un dilemme pour une démocratie libérale comme la nôtre. Il faudrait activement poursuivre des gens en justice, avoir des opérations de renseignement assez intrusives et enfin tenir tête au gouvernement chinois.

Sur le plan militaire, la question est : peut-on contenir les ambitions de la Chine de manière à pouvoir coexister avec elle ? Je pense que c'est ce à quoi aspirent une majorité d'Australiens pragmatiques, ils se réjouiraient d'une Chine prospère, à condition qu'elle ne soit pas agressive. C'est tout l'enjeu de l'alliance Aukus (*Australia*, *United Kingdom* et *United States*) dans laquelle est entrée l'Australie sous le gouvernement Morrison – et qui a tellement contrarié Pékin que cela nous a valu des sanctions commerciales en retour.

Il y a plusieurs années, bien avant le contrat avec Naval Group, j'ai animé des ateliers sur les modèles de sous-marins dont l'Australie avait besoin. Le consensus était clair : il nous fallait des sous-marins de longue portée capables de couvrir de longues distances au vu de notre immense territoire maritime. Le premier choix des sous-mariniers était les *Virginia Class SSN*, mais à l'époque les États-Unis ne voulaient pas les vendre. Or, c'est ce qui a changé en 2021 : les *Virginia SSN* sont devenus disponibles. Les États-Unis, qui sont un allié avec lequel nous partageons déjà renseignements et équipements, ne proposaient pas que ces sous-marins mais aussi leur interopérabilité avec nos vaisseaux, dans le cadre d'une alliance stratégique presque aussi vaste que l'Otan. Voici le lot que le gouvernement Morrison a acheté. D'ailleurs, lorsque le parti travailliste a remporté les élections fédérales en 2022, la première chose qu'ils ont annoncée a été qu'ils ne sortiraient pas de l'alliance Aukus.

Mais si l'on examine les faits, le gouvernement, tout en promouvant l'alliance Aukus et la vision à long terme de dissuasion et de stabilité stratégique, est en réalité en train de démanteler la possibilité d'une défense australienne crédible à court terme. Par exemple, ils n'achètent pas le nombre de missiles et de drones qu'on pourrait espérer, étant donné ce que l'armée australienne devrait pouvoir accomplir si elle était appelée à combattre. De plus, il y a des coupes dans les dépenses à court terme, même si une augmentation est prévue à moyen terme. Or, les défis géopolitiques sont à relever à très court terme, de l'ordre d'une décennie.

Pourquoi cette inaction ?

Il y a plusieurs raisons à cela. La première est que notre gouvernement est terrifié par Pékin, qu'il tente donc de rassurer. La Chine est aujourd'hui notre premier partenaire commercial et nous avons gagné beaucoup d'argent grâce à nos exportations. Ceux qui travaillent dans le commerce et la finance s'accommodent de l'ingérence chinoise et accusent les autres de paranoïa. Twiggy Forrest, par exemple, devenu milliardaire grâce à son commerce de minerai de fer avec la Chine, va au forum de Boao chaque année et a de nombreuses connaissances chinoises, dont beaucoup sont des officiels du PCC.

Ensuite, l'Australie manque d'une expertise approfondie sur la Chine. Même l'Australian Strategic Policy Institute (Aspi), un think tank en partie financé par les ministères de la Défense australien et américain, n'a personne à temps plein pour étudier la montée en puissance militaire chinoise. Et toutes les universités, qui accueillent des étudiants et des fonds chinois, semblent soigneusement éviter de développer cette expertise.

Enfin, certains analystes, comme Hugh White, se contentent de constater l'ascension de la Chine. Selon eux, son avantage sur les États-Unis est un fait établi et l'Australie devrait se conformer à ce nouvel ordre mondial. Dans cette perspective, l'alliance Aukus est un gaspillage d'argent, et nous devrions faire la paix avec la Chine tout en encourageant les États-Unis à se désengager pacifiquement de la région, plutôt que de mener une guerre perdue d'avance qui serait un désastre pour nous. Très franchement, je ne suis pas du tout d'accord. Mais c'est un débat que nous devons avoir.

CONCLUSION

L'éloignement géographique entre la France et l'Australie peut faire penser que l'île-continent appartient à une autre planète. Les parcours de vie ici présentés tentent de combler cette distance en brossant un portrait de l'Australie contemporaine : une société multiculturelle tolérante mais qui connaît aussi des frictions, un attachement historique à un égalitarisme démocratique et sportif aujourd'hui en tension, et une relation paradoxale à leur terre, à la fois fondamentale pour l'identité nationale et menacée par les modes de vie des Australiens. J'espère que ce livre dévoile assez du pays pour éveiller la curiosité des lecteurs, tout en laissant intact le plaisir de l'exploration à venir.

Il apparaît qu'une meilleure connaissance de l'Australie pourrait être utile à la France à plusieurs titres. D'une part, certaines innovations australiennes, comme le droit de vote obligatoire, le scrutin préférentiel ou le système de retraite par capitalisation, pourraient contribuer à revitaliser la démocratie française et à résoudre certains de ses problèmes. Sur de nombreux sujets de société, l'Australie est en effet en avance. Par exemple, on pourrait considérer l'île-continent comme féministe : droit de vote des femmes dès 1902, féminisation en cours des plus hautes fonctions du pays (en 2025, la banque centrale australienne, le Trésor australien et la Productivity Commission sont tous trois dirigés par des femmes), droit légal pour tout parent de prendre un an de congé parental (non payé) à la naissance d'un enfant (et deux ans si leur employeur accepte), malgré une culture masculine du *mateship* héritée des pionniers.

D'autre part, l'Australie est en première ligne de certaines transformations mondiales, notamment sur les effets du changement climatique, les risques géopolitiques en

Indopacifique et les défis posés par une société multiculturelle. Garder un œil sur l'île-continent (qui a par exemple mis en place les premiers marchés de l'eau dans les années 1980) pourrait donc être riche d'enseignements pour l'Europe. Face au défi environnemental en particulier, les savoirs développés par les cultures aborigènes offrent des perspectives précieuses pour réévaluer la place de l'espèce humaine au sein des écosystèmes qui la soutiennent, et considérer que nous appartenons à la terre plus qu'elle ne nous appartient. Nous espérons ainsi que ce livre nourrira, à son échelle, la réflexion collective sur l'avenir de nos sociétés.

CHRONOLOGIE

–65 000 ans : Premières traces d'une occupation indigène de l'Australie.

1770 : James Cook revendique l'est de l'Australie comme colonie anglaise, la nommant Nouvelle-Galles du Sud.

1788 : Arrivée de la Première Flotte le 26 janvier (désormais date de la fête nationale) dans le port de Sydney, établissant une colonie pénitentiaire.

1789 : Épidémie de variole à Sydney, tuant de 50 à 70 % de la population indigène locale.

1792 : Pemulwuy, combattant indigène, mène une série de raids contre les colons dans ce qui constitue la première guerre de la frontière de l'Australie.

1794 : Massacre de la rivière Hawkesbury, premier massacre des peuples indigènes par les colons.

1851 : Début de la ruée vers l'or.

1854 : Révolte de la palissade de l'Eurêka dans la ville de Ballarat, où les mineurs réclament l'arrêt des taxes. L'une des premières manifestations d'une volonté de gouvernement démocratique.

1860 : Le Victoria –puis la Nouvelle-Galles du Sud un an plus tard– autorise l'achat et l'occupation de lots de terre de la Couronne. Jusqu'alors, les occupants étaient des « squatters ».

1879 : Création du *Royal National Park*, premier parc national d'Australie (et deuxième au monde) au sud de Sydney.

1895 : Le poète Banjo Paterson écrit les paroles de la chanson *Waltzing Matilda*, considérée comme l'hymne officieux de l'Australie.

1901 : Création de la fédération australienne, annoncée le 1er janvier à Centennial Park, à Sydney, réunissant les six colonies.

1901 : Début de la politique de l'Australie blanche favorisant une immigration européenne par rapport à une immigration asiatique.

1902 : Les femmes obtiennent le droit de voter et de se présenter aux élections fédérales.

1907 : Création du premier club de sauveteurs volontaires au monde sur la plage de Bondi.

1907 : Le rugby à XIII et le rugby à XV se séparent au pub du Bateman's Hotel, à Sydney.

1915 : Les troupes australiennes sont défaites à Gallipolli le 25 avril, date maintenant commémorée comme l'Anzac Day.

1915 : Une législation de Nouvelle-Galles du Sud donne le droit aux autorités de retirer à sa famille un enfant aborigène à tout moment et pour n'importe quelle raison. C'est le début des « Générations volées » qui ont affecté entre 10 et 33 % des enfants jusqu'en 1970.

1919 : Le Premier Ministre australien Billy Hughes participe aux négociations du traité de Versailles et défend vigoureusement les intérêts de son pays. En réponse au président américain

Woodrow Wilson qui lui demandait ce qu'un pays de cinq millions d'habitants faisait là, on lui attribue cette répartie : «Je parle au nom de 60 000 morts. Au nom de combien parlez-vous ? », en référence à l'engagement tardif et aux faibles pertes des États-Unis.

1920 : Création de la compagnie aérienne Qantas.

1924 : Le vote devient obligatoire aux élections fédérales.

1928 : Le cricketeur Don Bradman marque cent *runs* dans une manche lors d'un tournoi international, en l'occurrence contre l'équipe anglaise, lors du tournoi des *Ashes*.

1930 : Le cheval de course Phar Lap, héros durant la grande dépression, remporte la *Melbourne Cup*.

1936 : Extinction du thylacine, ou tigre de Tasmanie.

1942 : Chute de Singapour aux mains des Japonais, dont les sous-marins entrent dans le port de Sydney le 31 mai. Troupes australiennes et japonaises s'affrontent sur la piste de Kokoda, en Papouasie-Nouvelle-Guinée.

1943 : Élection des premières femmes au parlement australien.

1945 : Sous l'impulsion du ministre de l'immigration Arthur Calwell, et conformément au slogan «Peupler ou périr», des programmes d'incitation à l'immigration des Européens sont mis en place. Ceux-ci visent à augmenter la population australienne (blanche) face à la menace asiatique.

1951 : L'Australie signe le traité Anzus avec les États-Unis et la Nouvelle-Zélande.

1954 : Le drapeau australien avec la constellation de la Croix du Sud remplace l'Union Jack comme drapeau officiel.

1963 : Le peuple Yolgnu envoie deux pétitions au Parlement pour la reconnaissance de leurs droits fonciers, rédigées sur des écorces d'arbres de Yirrkala, leur région d'origine.

1965 : Les troupes australiennes sont envoyées au Viêt Nam.

1965 : Charles Perkins et d'autres étudiants organisent le « tour de la liberté » en Nouvelle-Galles du Sud pour attirer l'attention sur les discriminations que subissent les Aborigènes.

1967 : Approbation à près de 91 % du référendum constitutionnel qui autorise le recensement des personnes indigènes, symbole de leur intégration dans la communauté nationale.

1968 : Découverte de la femme de Mungo, plus vieux squelette humain au monde.

1969 : Les images de Neil Armstrong sur la Lune sont retransmises à la télévision grâce à la station de Honeysuckle Creek, près de Canberra.

1971 : Neville Bonner devient le premier Aborigène à siéger au parlement fédéral. Non élu, il remplace alors la sénatrice démissionnaire Annabelle Rankin. Neville Bonner sera néanmoins élu de plein droit l'année suivante.

1972 : Des activistes aborigènes plantent un parasol devant le parlement à Canberra et l'appellent « l'ambassade aborigène », demandant des droits fonciers pour leurs peuples.

1975 : Renvoi du Premier Ministre travailliste Gough Whitlam par le gouverneur général le 11 novembre, unique occurrence d'un tel renvoi dans l'histoire australienne.

1978 : Première Marche des fiertés à Sydney.

1982 : Un mouvement écologiste réussit à empêcher un barrage sur la rivière Franklin en Tasmanie, menant à la création du parti politique fédéral des Verts.

1983 : Le bateau *Australia II* gagne la coupe des Amériques. Le Premier Ministre Bob Hawke déclare : « Tout patron qui virerait un employé parce qu'il ne vient pas travailler aujourd'hui est un con. »

1983 : Le dollar australien devient flottant.

1984 : Introduction de l'assurance maladie universelle Medicare.

1992 : Décision Mabo de la Haute Cour d'Australie faisant du peuple Meriam le propriétaire de l'île de Murray. Reconnaissance de la propriété foncière des Aborigènes préexistant à celle de la Couronne.

1995 : Les deux drapeaux aborigènes et des peuples autochtones du détroit de Torres deviennent des drapeaux officiels de l'Australie.

1996 : Massacre de Port Arthur en Tasmanie qui fait 35 victimes et mène à l'interdiction des armes à feu en Australie.

2000 : Cathy Freeman gagne le 400 mètres olympique à Sydney le 25 septembre.

2000 : 250 000 personnes participent à la « Marche pour la réconciliation » des peuples indigènes et non indigènes à Sydney.

2001 : L'Australie refuse que le bateau norvégien *Tampa*, avec à son bord des réfugiés secourus en mer, accoste. Début de la « solution du Pacifique » qui transfère les immigrés clandestins vers des îles du Pacifique pour étudier leur demande d'asile.

2002 : 88 Australiens perdent la vie sur l'île de Bali en Indonésie, dans une attaque à la bombe perpétrée par un groupe islamique lié à al-Qaïda.

2005 : Émeutes de Cronulla : des milliers d'Australiens blancs se réunissent à Cronulla, dans la banlieue sud de Sydney, pour « reprendre la plage aux étrangers ».

2008 : Le Premier Ministre Kevin Rudd présente ses excuses nationales officielles aux « Générations volées » aborigènes.

2009 : « Les feux de brousse du samedi noir » (*Black Saturday Bushfires*) dévastent 450 000 hectares et tuent 173 personnes dans le Victoria.

2010 : Julia Gillard devient la première femme à occuper le rôle de Premier Ministre.

2014 : Du 15 au 16 décembre, un islamiste prend en otage dix-huit personnes dans le café Lindt de Martin Place à Sydney. Deux otages perdent la vie.

2017 : Légalisation du mariage homosexuel à la suite d'une consultation postale (plus de 60 % de la population y est en faveur).

2017 : Premier match de la ligue féminine de football australien.

2017 : La déclaration d'Uluru (*Uluru Statement from the Heart*), résultat d'un large processus de consultation des populations indigènes, demande au gouvernement australien l'intégration d'une « Voix indigène au Parlement » dans la Constitution, et l'établissement d'une commission pour superviser les processus de vérité et de traité entre le gouvernement et les peuples indigènes.

2019 : « Les feux de l'été noir » (*Black Summer Bushfires*), les plus dévastateurs de l'histoire australienne, détruisent 20 % des forêts, 3 000 maisons, et causent la mort de 33 personnes ainsi que de plus d'un milliard d'animaux sauvages.

2023 : Échec du référendum constitutionnel le 14 octobre sur la création d'une « Voix indigène au Parlement », refusée à plus de 60 %.

Sources

Kenneth Morgan, *Australia. A very short introduction*, Oxford University Press, 2012.

National Museum of Australia, « Defining moments in Australian History », en ligne : https://www.nma.gov.au/defining-moments/defining-moments-timeline

Remerciements

Merci à Elaine Lewis, grâce à qui tout a commencé.
Merci à toutes les personnes interviewées, qui ont eu la générosité de partager leurs parcours et leur savoir.
Merci à Maureen Demidoff et Rémi Meunier des ateliers henry dougier, pour leur soutien sans faille et l'aide à la transformation d'un manuscrit maladroit d'anglicismes en un livre rédigé en un français correct.
Enfin merci à Tim, sans qui ce livre n'aurait jamais vu le jour.

Déjà parus dans la collection

Les Algériens, Thierry Perret
Les Allemands, Sébastien Vannier
Les Amazoniens, Nicolas Bourcier
Les Anglais, Éric Albert
Les Argentins, Alice Pouyat
Les Arméniens, Sèda Mavian
Les Belges, Jérémy Audouard
Les Boliviens, Frédéric Faux
Les Brésiliens, Marie Naudascher
Les Bretons, Pierre-Henri Allain
Les Calédoniens, Catherine Laurent
Les Cambodgiens, Éléonore Sok
Les Canadiens francophones, Lysiane Baudu
Les Catalans, Henry de Laguérie
Les Danois, Nicolas Escach
Les Écossais, Étienne Duval
Les Espagnols, Nacima Baron
et Sylvia Desazars
Les Finlandais, Jean-Pierre Frigo
Gens du Nord, Geoffroy Deffrennes
Les Guadeloupéens, Caroline Bourgine
Les Indiens, Arundhati Virmani
Les Inuits, Anne Pélouas
Les Irlandais, Agnès Maillot
Les Islandais, Gérard Lemarquis
Les Israéliens, Jacques Bendelac
et Mati Ben-Avraham
Les Japonais, Raphaël Languillon-Aussel
Les Jeunes Chinois, Edgar Dasor
Kazakhstan –jeune nation entre Chine, Russie et Europe, Lise Barcellini
Les Lettons, Céline Bayou
et Éric le Bourhis
Les Libanais, Laure Stephan
Les Lituaniens, Marielle Vitureau
Les Marseillais, Patrick Coulomb
et François Thomazeau
Les Mexicains, Frédéric Saliba
Les Mongols, Antoine Maire
Les Napolitains, Marcelle Padovani
Les Néerlandais, Céline L'Hostis
Les Norvégiens, Vibeke Knoop Rachline
Les Palestiniens, Mélinée Le Priol
et Chloé Rouveyrolles
Les Paraguayens, Laurence Graffin
Les Polonais, Maya Szymanowska
Les Québécois, Laurence Pivot
et Nathalie Schneider
Les Roumains, Mirel Bran
Les Siciliens, Giovanni Privitera
Les Sud-Africains, Valérie Hirsch
Les Sud-Coréens, Frédéric Ojardias
Les Suisses, Dominique Dirlewanger
Les Thaïlandais, Eugénie Mérieau
Les Tibétains, Marie-Florence Bennes
Les Tunisiens, Pierre-Noël Denieuil
Les Ukrainiens, Sophie Lambroschini
Les Vietnamiens, Benoît de Tréglodé
Les Suédois, Piet Lincken

Pour en savoir plus
sur les ateliers henry dougier
(catalogues, auteurs, vidéos, actualités...)
vous pouvez consulter notre site internet
www.ateliershenrydougier.com

ateliers HD

@ateliershenrydougier

Imprimé en France - R_79293 - août 2025 - 14110 Condé-sur-Noireau
RapidBook, une marque du Groupe Corlet Imprimeur